दिल्ली

में संघ कार्य

दिल्ली में संघ कार्य

रमेश गुप्त 'अनिल'

प्रकाशक

प्रभात पेपरबैक्स

4/19 आसफ अली रोड, नई दिल्ली–110002

फोन : 23289555 • 23289666 • 23289777 ❖ फैक्स : 23253233

इ–मेल : prabhatbooks@gmail.com ❖ वेब ठिकाना : www.prabhatbooks.com

संस्करण

प्रथम, 2016

मूल्य

पचहत्तर रुपए

अ.मा.पु.स. 978-93-5186-628-2

मुद्रक

आर–टेक ऑफसेट प्रिंटर्स, दिल्ली

———————— ★ ————————

DELHI MEIN SANGH KARYA
by Ramesh Gupt 'Anil'

Published by **PRABHAT PAPERBACKS**
4/19 Asaf Ali Road, New Delhi-110002

ISBN 978-93-5186-628-2

₹ 75.00

भूमिका

श्री रमेश गुप्त 'अनिल' जी की 'दिल्ली में संघ कार्य' विषय पर लिखी पुस्तक पढ़ी। इससे वर्तमान समय की एक बड़ी आवश्यकता पूरी हुई है।

राष्ट्रीय स्वयंसेवक संघ आजादी से पूर्व और विभाजन के समय भी बहुत तेजस्वी था। उस काल खंड में संघ को कई महत्त्वपूर्ण दायित्व निभाने पड़े। धर्म के नाम पर इसलाम को अलग राष्ट्रीयता मानकर भारत का बँटवारा करवाया गया। देश सांप्रदायिक दंगों की आग में फँसा था। ऐसे वातावरण में नई आई आजादी, विशेष तौर पर माताओं और बहनों का सम्मान तथा परिवारों की संपत्ति की रक्षा, यह सब एक बड़ी चुनौती थी। मुसलिम-हिंदू दंगों के कारण लोगों के मन में बड़े गहरे घाव बन गए थे। सुरक्षा बलों का भी पूरी तरह विश्वास करना मुश्किल हो गया था।

संघ की जानकारियाँ पूरी रहें, विरोधियों की गतिविधियाँ समय पर ध्यान में आ जाएँ, इसके लिए कुछ स्वयंसेवकों को मुसलमान बनाकर, खतना करवाकर, दंगाई ताकतों में घुलमिल जाने के लिए कहा गया। जीवन भर निरामिष रहनेवाले कार्यकर्ताओं में देश-कार्य के लिए आवश्यक होने पर गौ-मांस भी खाया। कुछ मुसलिम वर्गों ने भारत के पहले मत्रिमंडल की बैठक के समय हमला करके सदस्यों की हत्या का षड्यंत्र भी रचा था। मुसलमान बनकर उनके बीच गए स्वयंसेवकों ने इसकी

जानकारी संगठन तक पहुँचाई। इस तरह दंगाई ताकतों से मिली जानकारियों तथा स्वयंसेवकों के संगठित पुरुषार्थ, अद्‌भुत सजगता और योग्य रणनीति से वह षड्‌यंत्र संघ विफल कर पाया।

ऐसी अनेक घटनाएँ सन् १९६२, १९६५ और सन् १९७१ के युद्धों के समय में भी हुईं।

दिल्ली में संघ के सेवा कार्यों के विकास की भी क्रमानुसार जानकारी उपलब्ध होनी चाहिए।

संघ परिवार के संगठनों की दिल्ली में स्थापना और विकास भी लिपिबद्ध होना जरूरी है।

हम संघ में गीत गाते हैं, ''वृत पत्रों में नाम छपेगा, पहनूँगा मैं स्वागत समुहार, छोड़ चलो यह क्षुद्र भावना, हिंदू राष्ट्र के तारणहार।'' एक अन्य गीत में हम कहते हैं, ''नहीं चाहिए पद, यश, गरिमा सभी चढ़ें माँ के चरणों में, भारत माता की जय केवल, शब्द पड़ें जगती के चरणों में।''

प्रसिद्धि पराङ्मुखता की इस वृत्ति के कारण संघ कर्तृत्व के इतिहास को अभी तक संकलित नहीं किया गया है। उस समय के बहुत सारे लोग दिवंगत हो गए हैं, स्मृतियाँ भी धुँधला रही हैं और उन घटनाओं के समग्र प्रमाण भी अब मुश्किल से मिलते हैं।

इतिहास और सत्य के प्रति निष्ठा की यह माँग थी कि दिल्ली में संघ का इतिहास संकलित किया जाए और उसे व्यवस्थित करके पुस्तक के रूप में पाठकों के सामने लाया जाए। इतिहास हमारी धरोहर है। उसे प्रामाणिकता से संरक्षित करना ही होगा।

हमें श्री रमेश गुप्त 'अनिल' जी के प्रति इस बात के लिए कृतज्ञ होना चाहिए कि उन्होंने इस काम की एक अच्छी पहल की है। बहुत परिश्रम से उन्होंने सामग्री जुटाई है। उसकी प्रामाणिकता को जाँचा है और तथ्यों को सामने लाए हैं। मुझे विश्वास है कि इस पुस्तक का देश

में भरपूर स्वागत होगा।

एक बात अपने बारे में जब श्री रमेश गुप्त 'अनिल' जी ने मुझे इस पुस्तक की भूमिका लिखने के लिए कहा, मुझे आश्चर्य हुआ। मैंने उनसे पूछा कि उन्होंने इस काम के लिए मुझे क्यों चुना? उन्होंने कहा कि दिल्ली में ही बने स्वयंसेवकों में, जो अब तक निरंतर सक्रिय हैं उनमें संभवतः मैं सबसे पुराना होऊँगा। शाखा में खेलते-खेलते कब हम इतने पुराने हो गए, पता ही नहीं चला।

संघ के वरिष्ठ प्रचारक श्री सोहन सिंहाजी का अभी देहावसान हुआ है। अपनी पीढ़ी के वे शायद आखिरी थे। साठ के दशक में स्वयंसेवक बने कार्यकर्ता अब वरिष्ठ हो गए हैं। यह पुस्तक आज सक्रिय सभी स्वयंसेवकों को यह कर्तव्यबोध कराती है कि हमारे पूर्ववर्तियों ने जो असाधारण काम किए, संघ का जैसा विस्तार किया है, उसको परिणामकारी बनाया है, उसे आगे विस्तार देने का दायित्व अब हमारा है।

श्री रमेश गुप्त 'अनिल' जी को धन्यवाद देता हूँ और प्रणाम करता हूँ।

—आलोक कुमार

दिल्ली प्रांत सहसंघचालक

दो शब्द

आज से लगभग १५ वर्ष पूर्व संघ के पूर्वी विभाग के सायंकाल के जिला दायित्वान कार्यकर्ताओं का तीन दिन का वन-विहार का कार्यक्रम हरिद्वार में रखा। इस कार्यक्रम में मुझे भी रहने के लिए कहा गया। हम लोग २५ की संख्या में थे। रात को १२ बजे सीमापार की और ६ मई निष्काम सेवा ट्रस्ट भूपतवाला (हरिद्वार) पहुँचे तथा निष्काम धर्मशाला में सबके लिए स्थान आबंटित थे। सब अपने-अपने कमरे में चले गये। सूचना दी गई की सभी लोग प्रात: विधि से निवृत्त होकर ८ बजे हॉल में संपर्क करें। फिर वहाँ से हर की पौड़ी गंगा स्नान के लिए चलेंगे। स्नान के पश्चात् ११:४५ बजे धर्मशाला पहुँचेंगे, ताकि १२ बजे भोजन कर सकें। भोजन के उपरांत २:३० बजे तक विश्राम करेंगे और २:४५ बजे हॉल में संपर्क करेंगे। वहाँ से बस में बैठकर आश्रम, मठ तथा शहर के दर्शन के लिए जाएँगे। वहाँ से ७:३० बजे निप्काम धर्मशाला में शाखा लगाएँगे। विकिर के पश्चात् सभी लोग भोजन के लिए भोजनालय जाएँगे। रात्रि १०:३० बजे दीप विसर्जन होगा। दूसरे दिन ५ बजे जागरण तथा प्रात: ६ बजे नीलकंठ महादेव के दर्शन हेतु जाना। नीलकंठ से पहले निश्चित स्थान पर बस रोकी गई और १ घंटे के लिए शाखा लगाई गई तथा उसके पश्चात् श्री अनिलजी का 'दिल्ली में संघ कार्य' के विषय पर भाषण हुआ। उन्होंने अपने

भाषण में अनेक उल्लेखनीय एवं प्रेरणादायी घटनाएँ बताईं। मैंने लेखक (कार्यकर्ताओं) से अनेक प्रश्न किए। जिस प्रकार से उनका उत्तर आया मुझे अनुभव हुआ। इस विषय पर (संघकार्य दिल्ली में) एक पुस्तक की अवश्य रचना होनी चाहिए। इसी से प्रेरणा लेते हुए मैंने इस पुस्तक को लिखने का प्रयत्न किया है। पाठकों से निवेदन है कि कृपया इस पुस्तक से संबंधित अपने सुझाव और टिप्पणियाँ मुझे भेजने का कष्ट करें। मैं सबसे पहले हिंदू महासभा के नेता श्री पद्मराजजी जैन को हार्दिक धन्यवाद देता हूँ कि उन्होंने दिल्ली के प्रथम प्रांत प्रचारक मा. बसंतरावजी ओक के रहने, खाने एवं आवास की व्यवस्था की।

मैं अपने प्रिय मित्र श्री भारत भूपनजी जो श्री गुरुजी के द्वारा लिखी गई पुस्तक 'Bunch of Thought' का हिंदी अनुवाद किया। जो प्रशंसनीय है। आपने इस पुस्तक के मूल पाठ को पढ़कर अपने सुधारों एवं सुझावों से इसे उपकृत किया है। आप एक संघ के निष्ठावान एवं समर्पित कार्यकर्ता हैं, का भी हार्दिक धन्यवाद देते हैं।

बदरी भगत झंडेवाला टेंपल सोसाइटी के कार्यालय में कार्यरत श्रीमती योगिता ने हस्त लेखन कार्य का प्रथम टंकन करके अंत तक अपना सहयोग दिया है। मैं उनके प्रति अपना धन्यवाद देता हूँ।

अंत में संदर्भ साहित्य के लेखकों एवं प्रकाशकों विशेष रूप से चित्रावली के प्रकाशक के प्रति मैं अपना हार्दिक आभार प्रकट करता हूँ। पूर्व अनुमति नहीं लेने के लिए मैं सभी पूर्व से संदर्भ में आए व्यक्तियों का उपयोग करने हेतु क्षमायाचना भी करता हूँ।

—श्री रमेश गुप्त 'अनिल'

अनुक्रम

दिल्ली में संघ कार्य

विजयादशमी, सन् १९२५ को डॉ. केशवराम बलिराम हेडगेवार ने एक सांस्कृतिक एवं सामाजिक संगठन का नागपुर में निर्माण किया, जिसका नामकरण निर्माण करने के कुछ दिन बाद हुआ। नाम रखा गया राष्ट्रीय स्वयंसेवक संघ। उद्देश्य रखा कि संपूर्ण समाज को संगठित कर अपने राष्ट्र को परम् वैभव पर ले जाना, हिंदू समाज के स्वाभिमान को जागृत करना। व्यक्ति-व्यक्ति में राष्ट्र एवं समाभक्ति का भाव जागृत करना तथा इस प्रकार से एक अजय शक्ति खड़ी करना—ऐसी शक्ति जो सुसंगठित, अनुशासित एवं सुव्यवस्थित होकर समाज कार्य करें और अपने नेतृत्व के संकेत मात्र पर देश-समाज के लिए बलिदान होने की जिसकी मानसिकता हो, इस प्रकार की शक्ति खड़ी करने हेतु एक तंत्र व्यवस्था उन्होंने खड़ी की, जिसको संघ की भाषा में शाखा कहते हैं। जहाँ पर लोक संग्रह करते हैं और उन्हें संस्कारित करते हैं। आज इस प्रकार की सारे देश में लगभग ५४,००० शाखाएँ चल रही हैं।

दिल्ली में संघ कार्य प्रारंभ होने के विषय में जानने से पूर्व दिल्ली की स्थिति को समझ लेना अच्छा रहेगा। देश के विभाजन से पूर्वी दिल्ली की जनसंख्या लगभग १० लाख से भी कम थी। दिल्ली नगर के चारों ओर एक मजबूत दीवार थी, जिसे यहाँ की स्थानीय भाषा

में संफील कहते थे। दिल्ली शहर में प्रवेश करने के लिए छह द्वार थे, जैसे—कश्मीरी गेट, मोरी गेट, लाहौरी गेट, अजमेरी गेट, तुर्कमान गेट और दिल्ली गेट आदि। शहर में जाने के लिए इन्हीं द्वारों में से ही आना-जाना होता था, आज जहाँ पर कमला मार्किट है वहाँ पर कोयले की साइडिंग थी तथा उदासीन आश्रम के साथ ही शाहजी का तालाब था। आसफ अली रोड पर अजमेरी गेट से लेकर राजघाट तक एक गहरा नाला था। नाले के दोनों किनारों पर कीकर के पेड़ तथा अन्य काँटेदार झाड़ियाँ थीं। इसी के साथ दिल्ली का प्रसिद्ध रामलीला मैदान था जो आज भी है, जो बड़ी-बड़ी सभाओं और रैलियों को आमंत्रित करता है जबकि आज उसका आकार छोटा हो गया है। रामलीला मैदान से लेकर मिंटो रोड के क्षेत्र को रायसीना हील कहते थे, जिसे आज नई दिल्ली कहते हैं।

दिल्ली में कुछ इलाकों में मुसलिम समाज का प्रभाव था, जैसे—सब्जी मंडी, घंटाघर, सदर बाजार, लाल कुआँ, अजमेरी गेट, बल्लीमारान, काली मसजिद, तुर्कमान गेट, बुलबुली खाना, चाँदनी महल, जामा मसजिद का क्षेत्र, गांधी नगर, पहाड़गंज आदि। यहाँ पर यह बताना जरूरी है कि भारत-पाकिस्तान विभाजन से पूर्व मुसलिम लीग का नारा था—हँस के लिया है पाकिस्तान लड़ के लेंगे हिंदुस्तान। इसको पूरा करने के लिए इन्हीं क्षेत्र के मुसलमानों ने एक योजना बनाई कि अधोलिखित क्षेत्र में मुसलमान बहुसंख्य हैं, हिंदू आबादी इन क्षेत्रों में आटे में नमक के समान है। योजना यह थी कि इन क्षेत्रों में हिंदुओं को भयभीत कर दिया जाए ताकि वे स्वयं अपना घर बेचकर या छोड़कर चले जाएँ। अन्यथा सबको तलवार के बल पर भगा दिया जाए। इसी योजना को क्रियान्वयन करने की दृष्टि से हिंदुओं की बहन-बेटियों का अपहरण करना, बलात्कार करना, चोरी करना, चाकू मारना इस प्रकार की गुंडागर्दी करना, ताकि हिंदू अपनी जगह बेचकर या वैसे ही छोड़कर चले जाएँ। आखिर तंग

आकर कुछ हिंदू अपनी जान बचाकर भाग निकले और शेष हिंदू विशेषकर महिलाओं पर नए-नए अत्याचार होने लगे। चाकू मारकर भाग जाना उनका एक प्रकार एक खेल हो गया था, जिसका प्रतिकार कोई भी नहीं करता था।

भविष्य की स्थिति को भाँपकर संघ अधिकारियों ने एक योजना बनाई थी। कुछ संघ के कर्मठ, निष्ठावान, जुझारू ५० के लगभग स्वयंसेवकों को मुसलमान बनने को कहा गया तथा वैसे ही किया भी गया। उनको कहा गया कि मुसलिम लीग का विश्वास अर्जित करो। इसे गुप्त रखा गया क्योंकि अगर इसकी भनक भी लग जाती तो उन सभी को जान का खतरा हो सकता था। कुछ स्वयंसेवकों को पुलिस तथा सी.आई.डी. ऑफिसर एवं पुलिसमैन, कुछ प्रशासनिक विभागों, कुछ को अस्पताल एवं संघ शिक्षा विभाग तथा सभी ऐसे सरकारी विभाग जहाँ पर जनता के काम पड़ते हैं नौकरी दिलाने की व्यवस्था की गई। इस प्रकार के सभी कामों को करवाने के लिए तत्कालीन डिप्टी कमिश्नर श्री रंधावा का सहयोग एवं सहमति ली गई।

सबसे पहले यह स्पष्ट कर देना उचित है कि दिल्ली में संघ कार्य किसी परिस्थिति की प्रतिक्रिया से प्रारंभ नहीं हुआ, अपितु स्वाभाविक रूप से संघ की योजनानुसार हुआ है। पहले कथानुसार संघ का काम नागपुर में पहले ही प्रारंभ हो चुका था, परंतु बगैर किसी नाम से। संगठन का नामकरण राष्ट्रीय स्वयंसेवक संघ हुआ। कुछ समय पश्चात् संघ निर्माता परम पूज्य डॉ. हेडगेवारजी ने कुछ अपने साथियों से बातचीत की कि अपने संगठन का नाम राष्ट्रीय तभी कहलाएगा जब अपने राष्ट्र के सभी प्रमुख स्थानों पर कुछ संघ कार्य प्रारंभ हो जाएँ। अतः संघ निर्माता ने आह्वान किया कि कुछ कार्यकर्ता दूसरे स्थानों पर कार्य विस्तार के लिए जाएँ। कुछ उदाहरणतः उच्च पढ़ाई के लिए हिंदू विश्वविद्यालय, काशी, प्रयाग इत्यादि में जाएँ। इसी प्रकार से कार्य के

विस्तार हेतु सन् १९३६ में पंजाब में श्री राजाभाउ पातुरकर, श्री के.डी. जोशी, जो हिंदू सभा के स्थानीय नेता और डॉ. हेडगेवार के सुपरिचित थे, उनके नाम पत्र दिया कि ये कार्यकर्ता पंजाब में संघकार्य को स्थापित करने के लिए आ रहे हैं, कृपया उनके आवास एवं भोजन इत्यादि की व्यवस्था ठीक प्रकार से हो जाए, इसकी चिंता कर लें।

सन् १९३६ के नवंबर मास में दीपावली के पश्चात् दिल्ली के हिंदू महासभा के नेता श्री पद्मराज जैन के नाम एक पत्र वसंतरावजी को दिया। श्री वसंतरावजी उसको लेकर बाबा साहब आप्टे के साथ दिल्ली आए और इनके स्वागत में रेलवे स्टेशन पर श्री पद्मराज जैन ने एक कार्यकर्ता की व्यवस्था की हुई थी। वे दोनों कार्यकर्ताओं को लेकर हिंदू सभा भवन गए, जहाँ पर श्री वसंतरावजी के आवास इत्यादि की व्यवस्था हुई थी। श्री वसंतराव ने विधिवत पहली शाखा इस भवन में ही लगाई, जिसको भवन शाखा के नाम से जाना जाता था।

यहाँ पर यह उल्लेख करना ठीक रहेगा कि दिल्ली को संघ ध्यार्य प्रांत का दरजा दिया गया है। इस दिल्ली प्रांत में दिल्ली, दिल्ली उपनगर, पश्चिमी राजस्थान, पश्चिमी उत्तर प्रदेश (जिसमें वर्तमान के तीन प्रांत आते हैं। वृजप्रांत, मेरठ प्रांत, उत्तराखंड प्रांत), अंबाला डिविजन अर्थात् आज का हरियाणा तथा शिमला सम्मिलित थे।

भवन शाखा में एक अच्छी कार्यकर्ता टोली विकसित हुई, जिसमें सर्वश्री विद्यासागर सूरी, विद्यासागर अरोड़ा, वेद प्रकाश कोहली एवं मा. ब्रह्मदेवजी इस शाखा के स्वयंसेवक थे और इसी शाखा से एक प्रचारक संघ शिक्षण वर्ग अंबाला गए। सन् १९३७ में नागपुर में (ओ.टी.सी.) लगा, जिसमें दिल्ली से चार स्वयंसेवकों ने भाग लिया। संघ शिक्षा वर्ग नागपुर से लौटकर दूसरी शाखा बिड़ला स्कूल की रात्रि शाखा प्रारंभ हुई। इस शाखा में मा. सोहन सिंहजी जाते थे, इसी शाखा से वे प्रचारक के नाते से करनाल जिले में संघ के विस्तार हेतु गए और दो शाखाएँ

नया बाजार तथा सदर बाजार में सन् १९३६ में शुरू हुईं और सन् १९३९ में लाहौर में ओ.टी.सी लगा। इस वर्ग में सवंतरावजी मुख्य शिक्षक थे। सन् १९३९ में दिल्ली प्रांत का अलग से ७ दिन का प्रशिक्षण वर्ग लगा। इस वर्ग के पश्चात् करोल बाग में शाखा प्रारंभ हुई और उसके बाद शाखाएँ लगातार खुलनी प्रारंभ हो गईं। दिल्ली के कार्य को सुदृढ़ और प्रभावी बनाने की दृष्टि से वसंतरावजी के मार्ग प.पू. डॉ. जी सन् १९३९ में ही दिल्ली आए थे। सन् १९३८ में दिल्ली के हिंदू सभा के नेता प्रा. राम सिंहजी को दिल्ली प्रांत का कार्यवाह बनाया, परंतु कुछ समय पश्चात् वे संघ के कार्य से अलग हो गए। शाखाओं में कार्यकर्ता आकर संस्कार ग्रहण करने लगे। प्रभात शाखाएँ खुलनी आरंभ हो गईं। इसी प्रकार विद्यार्थी तरुण शाखाएँ खुलने में एक सपर्धा होने लगी। अंबाला शिक्षा वर्ग के पश्चात् कार्य विस्तार और चलती हुई शाखाओं को सँभाल के लिए कार्यकर्ता की एक अच्छी टोली उपलब्ध हो गई। प्रांत में फैले हुए कार्य को सँभाल ने एवं उन्हें व्यवस्थित करने की दृष्टि से मा. बाबा साहिब आप्टेजी तथा श्री दादाराव परमार्थ के साथ प्रांत का दौरा किया। इस दौरे के कारण रोहतक, करनाल, सोनीपत, पानीपत और अंबाला में शाखाएँ प्रारंभ हुईं।

सन् १९३९ में दिल्ली के प्रसिद्ध व्यापारी ला. हरीशचंदजी गुप्ता को दिल्ली नगर संघचालक, श्री प्रकाशजी भार्गव को नगर कार्यवाह और श्री वी.पी. जोशी को सहनगर कार्यवाह नियुक्त किया गया। प्रांत में कार्य सुव्यवस्थित एवं सुचारु रूप से चल सके, सह प्रांत प्रचारक के नाते से श्री नारायण राव को नियुक्त किया गया।

दिल्ली तथा अन्य स्थानों से प्रचारक निकलने प्रारंभ हो गए। सबसे पहले प्रचारक पूरनचंद को मथुरा भेजा गया। श्री टेकचंदजी सरकारी नौकरी करते थे। वहाँ से ढाई साल का अवकाश लेकर उन्हें प्रचारक के नाते से अंबाला भेजा गया। सन् १९४३ से सर्वश्री रामलाल मारवाह,

ब्रह्मदेवजी, सोहन सिंहजी, सुरेंद्र कुमारजी तथा विद्यासागर पुरीजी प्रचारक के नाते से प्रांत के अन्य स्थानों पर गए।

सामान्यत: प्रचारक निकलते समय यह बात अवश्यमेव ध्यान में रखनी चाहिए कि जब सुशिक्षित युवक प्रचारक बनकर संघ कार्य के लिए क्षेत्र में जाता है तो उससे समाज प्रभावित होता है। समाज को लगता है कि इतनी उच्च शिक्षा प्राप्त कार्यकर्ता, जो आसानी से सरकार में उच्च पद प्राप्त कर सकते हैं, संघ कार्य करने के लिए इन सब बातों को लात मारकर प्रचारक के नाते से कार्य करने आते हैं। इतना ही नहीं, माँ-बाप तथा अन्य को छोड़कर समाज और राष्ट्र कार्य हेतु वे आगे आते हैं तो अवश्य ही यह कार्य अति महत्त्वपूर्ण होगा। ऐसा परम् पूज्य डॉ. हेडगेवार सोचा करते थे और प्रचारक बनकर निकले ऐसे कार्यकर्ताओं को अपनी पढ़ाई जारी रखने के लिए भी कहा करते थे।

जैसा कि पहले कहा गया है कि मुसलिम लीग दिल्ली को पाकिस्तान का एक अंग बनाने का मन में लोभ पाले हुए थी। इस मनसूबों को पूरा करने की दृष्टि से चलनेवाली बातों का उन दिनों अंग्रेजी के साप्ताहिक 'ऑर्गनाइजर' के इस समाचार के माध्यम से सहजता से अनुमान लगाया जा सकता है। Organiser weekly, sep 18, 1947, page-4—विश्वस्त सूत्रों से पता चलता है कि यहाँ दिल्ली में हथियार व गोला बारूद बनाने के अनेक मुसलिम कारखाने हैं। इनमें कुछ को सेना ने उपद्रवियों के बीच भारी संघर्ष के बाद कब्जे में कर लिया है। क्या अन्य कारखानों को भी कब्जे में नहीं किया जा सका। इन कारखानों से भारी मात्रा में बरामद हुआ गोला-बारूद व हथियारों से पता चलता है कि उपद्रवी तत्त्व नियमित संघर्ष के लिए सुसंगठित एवं हथियारबंद थे।

इस प्रकार का एक कारखाना सब्जी मंडी में मुख्य मार्ग पर स्थित एक मुसलमान के घर पर मिला है। यह बड़ा विशाल भवन था, इसमें ४

बड़े कमरे भूमिगत थे। यह भवन बिजली, पानी आदि की सभी सुविधाओं से युक्त था। एक विशाल हॉल का उपयोग हथियार बनाने के लिए किया जाता था। इसमें एक तेलचलित इंजन लगा था। इसके अलावा कई छोटी-मोटी मशीनें थीं। चारों ओर सल्फर अमोनिया गंधक की बोतलें बिखरी पड़ी थीं। उनमें निकलती दुर्गंध के कारण वहाँ खड़ा होना कठिन था। यह भी सूचना है कि जब पुलिस ने इस पर छापा मारा तो वहाँ उपस्थित लोगों ने ४-५ घंटे गोलियों की बौछार से कड़ा विरोध किया।

□

समाज पर संघ का प्रभाव

मुसलिम लीग के लिए उपरोक्त एक अनहोनी घटना नहीं थी। इस प्रकार की छोटी-बड़ी घटनाओं के पीछे उनका उद्देश्य था हिंदू समाज को भयभीत करना, मनोबल गिराना ताकि बहुसंख्य मुसलिम मौहल्लों में, जहाँ पर आटे में नमक के बराबर हिंदू रहते थे, वे इस वातावरण से जैसे आए दिन के झगड़े, बहन-बेटियों के साथ अभद्र व्यवहार के कारण मकान बेचकर अथवा छोड़कर चले जाएँ। वहाँ से हिंदू लोगों ने पलायन शुरू कर दिया था, परंतु संघ के स्वयंसेवक ने कहा कि पलायन न करें, शेष चिंता हम करेंगे।

आगे चलने से पहले हम यह जानने का प्रयास करेंगे कि अल्प समय में अर्थात् संघ कार्य का दिल्ली में नवंबर १९३६ में मात्र एक शाखा में प्रारंभ हुआ था। अब सन् १९४६ तक अर्थात् १० साल में शाखाओं का जाल ही नहीं बिछा बल्कि सुव्यवस्थित, सुसंगठित तथा सुनिश्चित शक्ति का प्रदर्शन भी किया, जिसके कारण मुसलिम लीग की हवा निकली। दिल्ली में संघ कार्य इतना व्यापक और प्रभावशाली हो गया था कि देश के कुछ विशिष्ट जनों द्वारा संघ के विषय में जो विचार समय-समय पर रखे हैं, उनसे आसानी से संघ की व्यापकता तथा प्रभाव का अनुमान लगाया जा सकता है। संघ के बारे में कुछ के

विचार यहाँ उल्लेखित हैं—

भारतरत्न डॉ. भगवान दास—दिल्ली के स्वयंसेवकों द्वारा निभाई गई देशभक्ति की पूरी शानदार भूमिका के बारे में प्रकाश डालते हुए भारतरत्न डॉ. भगवान दास ने १९ अक्तूबर, १९४८ को जारी किए गए अपने वक्तव्य में कहा था कि मुझे विश्वस्त सूत्रों से पता चला है कि दिल्ली में मुसलिम लीगियों का विश्वास अर्जित करते हुए अनेक स्वयंसेवक मुसलमान बने और इस कारण वे मुसलिम लीग के षड्यंत्र को भेद सके एवं ठीक समय पर देश के गृहमंत्री सरदार पटेल को इसकी जानकारी दे सके। उन्होंने बताया कि १० सितंबर, १९४७ को एक साथ सशस्त्र विद्रोह, केंद्र सरकार के सभी अधिकारियों की हत्या तथा बड़े पैमाने पर हिंदुओं का नरसंहार कर लालकिले पर पाकिस्तानी हरा झंडा फहराने और उसके बाद सारे भारत पर कब्जा करने की योजना थी।

डॉ. भगवान दास ने आगे अपने वक्तव्य में कहा कि इन उच्चमना और आत्मबलिदानी युवकों ने नेहरू और सरदार पटेल को समय रहते सूचना नहीं दी होती तो तत्कालीन सरकार का कहीं नामोनिशान नहीं होता। बचे हुए शेष लोगों को मुसलमान बनने पर मजबूर होना पड़ता अथवा वे दास बनने को मजबूर हो जाते।

आचार्य कृपलानी—तत्कालीन कांग्रेस अध्यक्ष ने स्वयं इन व्यापक संभावनाओं पर से परदा हटाते हुए कहा था कि मुसलमानों ने हथियार एकत्रित कर लिये थे। उनके घरों की तलाशी लेने पर बम, आग्नेयशस्त्र और गोला-बारूद के भंडार मिले थे। स्टेनगन, ब्रेनगन, मोर्टार और वायरलैस ट्रांसमीटर बड़ी मात्रा में मिले। इन वस्तुओं को गुपचुप बनाने वाले कारखाने पकड़े गए। कई स्थानों पर घमासान संघर्ष हुआ, जिसमें इन हथियारों का खुलकर प्रयोग हुआ। पुलिस में मुसलमानों

की भरमार थी। इस कारण से सरकार को दंगे दबाने में काफी कठिनाई का सामना करना पड़ा। इन पुलिस वालों में अनेक अपनी वरदी और हथियार लेकर फरार हो गए तथा दंगाइयों में मिल गए। शेष जो बचे थे उनकी निष्ठा भी संदिग्ध थी। सरकार को अन्य प्रांतों से पुलिस व सेना बुलानी पड़ी।

हिंदुओं को मुसलिम लीगियों से मुक्त करने तथा उनका मनोबल ऊँचा उठाने की दृष्टि से एवं मुसलमानों में भय का वातावरण बनाने की दृष्टि से कुछ अन्य प्रकार के कार्यक्रम की रचना की गई। रामलीलाओं में मुसलमानों के लड़के हिंदू बहन-बेटियों को छेड़ा करते थे, विशेष रूप से जो रामलीला की सवारी साइकिल मार्किट से प्रारंभ होकर चाँदनी चौक, नई सड़क, चावड़ी बाजार से होती हुई रामलीला मैदान पहुँचती थी। वहाँ जगह-जगह ४-५ स्वयंसेवकों की टोली उनके साथ चलती थी और उनको आदेश थे कि जहाँ मुसलमान दिखें वहाँ उनकी पिटाई शुरू कर दो। जब उनकी पिटाई होनी शुरू हुई तो मुसलमानों ने रामलीला में आना छोड़ दिया। इसका समाज पर बहुत अच्छा असर रहा और सबने इसको सराहा। इसी प्रकार की योजना २ अक्तूबर को गांधी जयंती के सुअवसर पर सरकार द्वारा पुरानी दिल्ली रेलवे स्टेशन के सामने कंपनी बाग में मेला लगाया जाता था; जिसे देखने दिल्ली वाले ही नहीं, अपितु आसपास के लोग भी आते थे। वहाँ भी मुसलमानों को आने से रोका गया। यह योजना पुलिस की जानकारी में रखकर संघ की सहमति से की गई। मुसलमानों की पिटाई की बात आस-पड़ोस के राज्यों में भी आग की तरह फैल गई और जनता को इससे बड़ी राहत मिली। धीरे-धीरे यह योजना सब जगह चलाई गई, जिससे मुसलमानों के हौसले पस्त हुए।

मुसलमानों को ठीक करने हेतु एक नई पद्धति विकसित की

गई। जिसमें दो नाम दिए गए—पहला, 'कीर्तन' का अर्थ स्वयंसेवक मिलकर मारेंगे, जहाँ भी मिलेंगे। दूसरा, हिंदू सभा में जहाँ भी वे मिलें वहीं पर अच्छी पिटाई। इसका परिणाम यह रहा कि मुसलमान भयभीत हो गए और जैसा हम कहते थे वे उसी अनुसार करते थे।

मुसलिम लीग में मुसलमानों के हौसले पस्त देखकर उन्हें लगा कि लालकिले पर पाकिस्तानी झंडा फहराने तथा दिल्ली को पाकिस्तान का एक अंग है, इस प्रकार के मंसूबों पर हिंदुओं ने पानी फेर दिया है। उन्होंने एक बार पुनः मुसलमानों का हौसला बढ़ाने के लिए इस प्रकार योजना बनाई कि—

१. हिंदू समाज की शक्ति का स्रोत संघ है, इसे कमजोर किया जाए।
२. जनता के श्रद्धा केंद्र महात्मा गांधी, जो उस समय भंगी कॉलोनी में रहते थे (आजकल उसे वाल्मीकि कॉलोनी कहते हैं यह कॉलोनी पंचकुइया मार्ग पर स्थित है।) उनको भी निशाना बनाया जाए।

पहली योजना के अनुसार हिंदू समाज की शक्ति संघ को कमजोर करने हेतु संघ शाखाओं पर आक्रमण प्रारंभ कर दिया। रामलीला मैदान में उस समय चार शाखाएँ लगती थीं—बाल शाखा, किशोर शाखा, दो शाखाओं के नाम नहीं हैं।जहाँ तक याद आता है उस समय में शाखाएँ सनातन धर्म भाग में आती थीं। सायं के समय मुसलमान तीतर एवं बकरा लेकर आते थे। तीतरों की लड़ाई करवाते। जब तीतर लड़ते-लड़ते संघ के स्थान पर आ जाते थे तब स्वयंसेवक उन्हें भगाते थे, तो इसी बात पर झगड़ा शुरू हो जाता था। झगड़े में लाठियों का खुलकर प्रयोग होता था। एक बार तो झगड़ा बढ़ गया। मुसलमान तीतरों की तरह बकरों को भी लड़वाते। एक बार एक बकरा अपनी सींग से ध्वज के

पास जाकर ध्वज को हिलाने लगा। जिसके कारण ध्वज गिर गया। एक स्वयंसेवक बकरे को भगाने के लिए झंडे से उसे डरा रहा था। जिसका बकरा था उसने कहा कि मेरे बकरे को लाठी मारी है। फिर क्या था, उसके साथी मुसलमानों ने शाखा पर हॉकी, लाठी व भाले से हमला बोल दिया। अन्य शाखाएँ भी बाल शाखा की सहायता के लिए आ गईं। झगड़े ने काफी भयंकर रूप ले लिया। यह खबर जंगल में आग की तरह फैल गई। जब यह खबर अपने एक प्रमुख कार्यकर्ता श्री अनोखे लाल, सीताराम बाजार वालों की पता लगी तो वे तुरंत रामलीला मैदान पहुँचे। उनके साथ श्री राममूर्ति पहलवान, श्री रामकिशनजी, श्री बाँके लाल एवं श्री रामचंद जी भी पहुँच गए। उधर तुर्कमान गेट एवं काली मसजिद के मुसलमान भी वहाँ पहुँच गए। सब शस्त्रधारी थे। झगड़े ने भयंकर रूप धारण कर दिया। बाल शाखा के स्वयंसेवकों को किसी तरह बचाकर वहाँ से भेज दिया गया। झगड़ा बढ़ गया। इसमें १० लोग मारे गए और ५० लोग घायल हो गए। घायलों को इरविन अस्पताल में भरती कराया गया। दूसरे दिन पता चला कि कुछ हिंदुओं को पुलिस उठाकर ले गई है। यह बात संघचालक ला. हरीचंदजी को पता चली। मा. लाला जी ने बड़े धैर्य से बात सुनी। डिप्टी कमिश्नर श्री रंधावा ने लालाजी से मिलकर सारी बात सुनी। अभी लालाजी घर भी नहीं पहुँचे कि सभी गिरफ्तार युवकों को बिना किसी शर्त रिहा कर दिया गया।

डिप्टीगंज शाखा—सदर बाजार जो, कि दिल्ली का सबसे प्रसिद्ध थोक व्यापार का केंद्र है, डिप्टीगंज इसी क्षेत्र में स्थित है। यहाँ एक छोटा पार्क है और पार्क के चारों ओर दुकानें और रिहायशी मकान हैं। इसी पार्क में क्षेत्र की बाल शाखा लगती थी। कुछ लोगों ने बाल शाखा से ध्वज उतारने का प्रयास किया। बाल स्वयंसेवकों ने उनसे संघर्ष किया तथा नजदीक की दुकान पर बैठे स्वयंसेवक को सारी बात बताकर

एक बालक संघ स्थान पर वापस आया। उसके पीछे ४०-५० हिंदू आ रहे थे। उनमें एक प्रमुख कार्यकर्ता वैद्य प्रहलाद दत्त भी थे। वे हमेशा अपने साथ एक बेंत रखते थे। उन्होंने आते ही एक मुसलमान को अपनी बेंत से पीटना शुरू कर दिया। मुसलमानों ने इसका प्रतिकार किया तथा अन्य मुसलमान भी उनकी सहायता के लिए हॉकी, लाठी तथा भाले लेकर आ गए। इन शस्त्रों का खुलकर प्रयोग किया गया। अंत में संघर्ष हुआ और सब मुसलमान दुम दबाकर भाग गए।

शाहदरा क्षेत्र में मुसलिम लीग का बोलबाला था। इस कारण से आए दिन झगड़े होते थे। इसका स्थायी समाधान निकालने के लिए यह निश्चय हुआ कि शाहदरा को मुसलिमविहीन कर दिया जाए। इसके लिए १०० स्वयंसेवकों की टोली बनाई गई। इस टोली में पाकिस्तान से आए हिंदुओं को आवास दिया गया। दिल्ली में गढ़मुक्तेश्वर नाम का एक स्थान, जहाँ पर गंगास्नान का मेला लगा हुआ था, मुसलिम ने यहाँ पर हमला कर दिया। यहां पर भी हिंदुओं ने उनका प्रतिकार किया तथा हिंदुओं को वहाँ से बचाकर शाहदरा में जो जगह खाली कराई थी, वहाँ पर उन्हें बसाया गया।

रामलीला मैदान के पास आसफ अली रोड पर दो बगीची है। एक तुर्कमान गेट के पास एवं दूसरी काली मसजिद को जानेवाले रास्ते के पास। इन दोनों में हिंदुओं के हनुमानजी के मंदिर हैं। मुसलमानों ने काफी साल पहले इन पर अपना कब्जा कर लिया था। दिल्ली में ४८ घंटे का कर्फ्यू लगा तथा धारा १४४ भी लगी हुई थी। हिंदुओं ने एक रात में खुदाई वहाँ की। खुदाई कर वहाँ से हनुमानजी की मूर्ति निकली। यह बात समाचार द्वारा दिल्ली में आग की तरह फैल गई। मुसलमान जब तुर्कमान गेट के पास बनी बगीची को खोदने के लिए वहाँ पहुँचे तो मुसलमानों से कड़ा संघर्ष करना पड़ा। इसके परिणामस्वरूप २-३ लोग

मारे गए और अनेक लोग घायल हुए तथा कुछ पकड़े गए। इन दोनों स्थानों के लिए हिंदू एवं मुसलमानों में परस्पर झगड़ा चलता रहा। अंत में यह फैसला हुआ कि जो स्थान जिसके पास है , उसी का रहेगा। पहला स्थान, जहाँ पर खुदाई के बाद हनुमानजी की मूर्ति निकली थी, वह हिंदुओं का हुआ तथा तुर्कमान गेट के पासवाला मुसलमानों का। संभवत: ऐसा ही फैसला दिल्ली की एक अदालत ने सुनाया। इस फैसले के अनुसार यहाँ महात्यागीजी का एक आश्रम बना हुआ है। यहाँ पर आश्रम की ओर से कथा, प्रवचन और कीर्तन होता रहता है। जिसमें हजारों लोग आते हैं।

संघ के कुछ अधिकारियों ने कुछ स्वयंसेवकों को नमाज पढ़ना, कलमा पढ़ना आदि सिखाकर मुसलमान बनने को कहा गया। वे मुसलमान बने और मुसलिम लीग के विश्वासपात्र बनकर उनकी योजना टोली में सम्मिलित हो गए और वहाँ की यह योजना निश्चित अधिकारी को बता दी। इस सूचना का अनुसरण करते हुए कुछ सूचनाएँ मिलीं। उनको ध्यान में रखकर संघर्ष की रणनीति बनाई गई। १६ सितंबर को विद्रोह करने की पूरी योजना दिल्ली के डिप्टी कमिश्नर और दिल्ली विश्वविद्यालय के कुलपति, जो कि दोनों मुसलमान थे, इनके साथ बैठकर बनाई और कुछ लिखित योजना को तिजोरी में बंद कर ताले में रखा। योजना को जानने के लिए यह आवश्यक था कि तिजोरी खोलकर इस योजना को पढ़ा जाए। यह कार्य टोली प्रमुख को सौंपा गया। टोली प्रमुख ५-६ स्वयंसेवक लेकर कोठी पहुँचे, जहाँ योजना रखी हुई थी। कोठी की रखवाली मुसलिम लीग के कार्यकर्ता कर रहे थे। संघ प्रमुख ने मुसलिम लीग के कार्यकर्ता से कहा कि हम अलीगढ़ से यहाँ पहरा देने आए हैं। आप लोग जाएँ और आराम करें। हम लोग पहरा देंगे।

वह सब चले गए और उनके जाने के बाद तिजोरी को संघ

प्रमुख के पास पहुँचाकर योजना पढ़ी गई। योजना देखकर सबकी आँखें खुली रह गईं। पूरी दिल्ली व दिल्ली के हिंदुओं को कत्ल करने का षड्यंत्र करने की योजना थी। यह योजना सरदार पटेल को दे दी गई। उनकी भी आँखें खुली रह गईं। इस षड्यंत्र का गुप्तचर विभाग को पहले ही पता चल चुका था। अब तो एक पक्का प्रमाण था। इस प्रकार दिल्ली को स्वयंसेवकों एवं सैनिकों ने बचा लिया। परंतु संघर्ष में अनेक माताओं एवं बहनों को बलिदान देना पड़ा।

एक बार एक शाखा पर एक अधिकारी आए तो एक स्वयंसेवक ने पूछा कि शत्रु ने भारतपर्व पर हमला बोल दिया है और कहता है कि भारत तभी बच सकता है जब कोई गौमांस का भक्षण करे, तो अधिकारी ने उससे पूछा कि क्या करना चाहिए? उसने कहा कि देश को बचाने के लिए गौमांस का भक्षण कर लेना चाहिए। ऐसा करना पाप नहीं धर्म है। इस प्रकार एक स्वयंसेवक ने योजना बनाई। वह कलमा नमाज भी पढ़ता था और जामा मसजिद में रहता था। जामा मसजिद में गाय-मांस भक्षण का कार्यक्रम था। उसे उसमें भी रहना था। वह धर्मसंकट में पड़ गया। उस समय इसका उत्तर पाने के लिए, किसी प्रकार से वैद्य प्रहलादजी, जो उस समय प्रमुख कार्यकर्ताओं की टोली में से एक थे, उनसे यह प्रश्न किया। वैद्यजी ने उसे समझाया कि इस समय तुम्हारा धर्म हिंदू रक्षा है। उसके लिए अगर गौमांस खाना पड़े तो खाओ। इस प्रकार से उसे समझा-बुझाकर उस धर्म को निभाने के लिए कहा।

४००-५०० मुसलमानों ने संघ कार्यालय, कूचा दिलवाली सिंह, जो अजमेरी गेट में स्थित एक मंदिर में था, पर हमला बोल दिया, परंतु स्वयंसेवकों के साथ वहाँ के निवासियों ने मिलकर उनका प्रतिकार ही नहीं किया, अपितु उनके एक साथी को मार गिराया और वे सब सिर पर पैर रखकर भाग खड़े हुए।

दूसरी योजना के अंतर्गत उस समय तक मुसलिम लीग की अलगाववादी गतिविधियाँ बड़ी तेजी के साथ बढ़ने लगी थीं। इनसे सहज रूप से लीग की गतिविधियों का अंदाजा लगाया जा सकता है कि महात्मा गांधी के जीवन को लेने की योजना बनाई। उस समय महात्मा गांधीजी पंचकुइया स्थित भंगी बस्ती में रहते थे। उसी परिसर में एक मसजिद है, जो उस समय लीग का अड्डा बना हुआ था। इनके जीवन को खतरा है, इस प्रकार की सूचना संबंधित सरकारी अधिकारियों को थी। उनकी रक्षा के लिए पुलिस एवं सेना को लगाने का विचार हुआ। परंतु महात्मा गांधीजी के बहुत निकटतम सहयोगी श्री कृष्ण नायर, जो बाद में संसद सदस्य बने, तत्कालीन प्रांत प्रचारक श्री बसंतराव तथा अन्य संघ अधिकारियों ने मिलकर निवेदन किया कि संघ महात्मा गांधी की सुरक्षा के दायित्व को सँभाले। श्री देशबंधु गुप्ता ने, जो दिल्ली के प्रसिद्ध कांग्रेसी नेता थे, ओमजी से सुरक्षा का निवेदन किया। तो ओमजी ने कहा कि आपके पास तो सेवा दल के स्वयंसेवक हैं, इस पर उन्होंने कहा कि उनमें से कुछ मुसलमान हैं और उन पर भरोसा नहीं किया जा सकता। यह दायित्व तो आप ही सँभालें। इतना ही कहना था कि विश्वासपात्र स्वयंसेवकों की टोली को यह काम सौंप दिया गया। दिन-रात बारी-बारी से सब गांधीजी की कुटिया पर पहरा देने लगे। लीगी गुंडे सशस्त्र थे, पर संघ की व्यवस्था देख उनका साहस गड़बड़ न करने को हुआ और योजना असफल हो गई।

हिंदुओं ने लीग के गुंडों के होश ठिकाने लगा दिए तो वे शांत हो गए, परंतु कितने देर के लिए। जो इन लोगों के स्वभाव को जानते हैं कि ये शांत बैठ ही नहीं सकते। उस समय का उपयोग करते हुए एक योजना बनाई गई कि जन्माष्टमी के दिन हिंदुओं से आर-पार की लड़ाई लड़ी जाए। जन्माष्टमी का दिन चुनने के पीछे यह कारण था कि हिंदू व्रत रखते

हैं और अधिक समय तक भूखे रहकर लड़ नहीं सकते। इस योजना के लिए दिल्ली के कुछ प्रमुख स्थान तय किए गए। सभी मुसलमान एक साथ इकट्ठे होंगे तथा एक साथ हिंदुओं पर धावा बोलेंगे। इससे हिंदुओं को सँभलने का मौका नहीं मिलेगा। सभी को जन्माष्टमी के दिन शस्त्र तथा आग लगानेवाले बंब दिए गए। जन्माष्टमी के दिन ठीक ९ बजे अल्ला हूँ अकबर का नारा लगाते हुए हिंदुओं के घरों में आग लगा दी। इसका प्रतिउत्तर देते हुए हिंदुओं ने हर-हर महादेव का नारा लगाते हुए शेर की तरह हमला बोल दिया। हिंदुओं ने भी मुसलमानों के घरों में आग लगाई। यदि कोई मुसलमान इसका प्रतिकार किया तो उसे मौत के घाट उतार दिया गया। लड़ते-लड़ते वे गली तेलियान पहुँचे। वह मुसलिम इलाका था। जब हिंदुओं के प्रमुख ने पीछे मुड़कर देखा तो केवल १०-१५ व्यक्ति ही रह गए थे, बाकी सुंदर लड़कियों एवं महिलाओं को लूटने में लग गए। यदि वे महिलाओं एवं लड़कियों को लुटने में न लगते तो शायद वह इलाका आज हिंदुओं का होता। इस प्रकार का संघर्ष ५-६ स्थानों पर चला। काकवान की हवेली, जिसके दो द्वार थे, पर ५-६ दिन पुलिस का संघर्ष डिप्टी श्री रंधावा के नेतृत्व में चला। काकवान के बारे में पूरी जानकारी तथा व्यवस्था का पता एवं संघ से संबंधित जानकारी लाने के लिए कुछ कार्यकर्ताओं को हवेली के अंदर भेजा गया। वहाँ संघ से संबंधित जानकारी प्राप्त कर दिल्ली सरकार को दी। सरकार ने पुलिस की सहायता के लिए मिलिटरी भेजी, परंतु कुछ न हो सका, बाद में पता चला कि यहाँ पर लगी पुलिस में ६० प्रतिशत मुसलमान हैं, तो सबसे पहले मुसलिम पुलिस वाले हटाकर उनके स्थान पर अन्य पुलिसवाले लगाए और हवेली के दोनों द्वारों को चुनवाकर बंद करवा दिया। अब हवेली के अंदर वाले के लिए मरने के सिवाय कोई और विकल्प नहीं था। यह सोचकर उन्होंने अपने हथियार डाल दिए।

मा. बसंतरावजी शाखाओं को व्यापक सर्वस्पर्शी सार्वभौम एवं बलशाली बनाने, स्वयंसेवकों में साहस, वीरता, अनुशासन एवं राष्ट्रभक्ति और समाजभक्ति के गुणों का विकास करने के लिए सदैव ध्यान देते। विशेषरूप से सायंकाल के स्वयंसेवकों से कहा करते थे कि घर में रहते हुए मानो अवकाश लेकर घर से जा रहे हों, जब भी आवश्यकता होगी वापस जाऊँगा। देशप्रेम की आग उन्होंने घर-घर पहुँचा दी। सज्जन लोग संघ कार्य को आदर और असामाजिक तत्त्व घर पर काँपे, यह पहचान होनी चाहिए। सभी लोगों को संघनुकुल बनाया। मुसलमानों को जब यह पता चलता कि संघी आ गए हैं तो वे मैदान छोड़कर भाग जाते थे।

अंतरिम सरकार का गठन पं. जवाहरलाल नेहरू के नेतृत्व में हुआ। मुसलिम लीग ने बहिष्कार किया और सरकार में भी शामिल नहीं हुई, अपितु उन्होंने सारे देश में काला दिन मनाया और हिंसा का तांडव नृत्य किया। दिल्ली में भी लीग गुंडे हावी थे और कांग्रेसी नेताओं तथा मंत्रियों का जीना हराम कर दिया था। पं. जवाहरलाल नेहरू स्वयं सचिवालय जाते थे तो ये लीग गुंड़े फबतियाँ कसते थे। इन सब को रोकना कांग्रेस के बस की बात नहीं थी। अंत में कांग्रेस के लोग प्रांत प्रचारक मा. बसंतरावजी ओक से मिले और कहा कि लीग गुंडे पं. जवाहरलाल नेहरू पर हिंदू होने के कारण आक्रमण कर रहे हैं। उन्होंने कहा कि कोई बात नहीं इसकी व्यवस्था कर दी जाएगी। अगले दिन व्यवस्था में रहनेवाले स्वयंसेवक तैयार होकर पं. नेहरू के निवास के पास गए तथा उन्हें वहाँ खड़ा कर दिया। उस दिन स्वयंसेवकों ने लीग गुंडों को पकड़ लिया और उनकी खूब पिटाई की। उसके बाद वे कभी नहीं दिखे। इसके बाद लीग गुंडों ने कभी किसी हिंदू को परेशान नहीं किया और सारे देश में यह खबर फैल गई कि संघियों ने लीग गुंडों पर आक्रमण कर मार-पीट की।

इस बीच दिल्ली प्रांत का सम्मेलन दिल्ली के जमुना पार क्षेत्र में करने का निश्चय हुआ। जिसमें अनुमानतः २५ से ३० हजार लोगों के सम्मिलित होने की संभावना थी। सम्मेलन प्रारंभ होने में केवल दो दिन बाकी थे। कम्युनिस्ट, मुसलिम लीग, कांग्रेसी ने विरोध जताया कि यह सम्मेलन नहीं होना चाहिए। इस पर प्रतिबंध लगा देना चाहिए। सरकार ने इस पर प्रतिबंध लगा दिया। स्वयंसेवकों को इस बात पर बड़ी नाराजगी थी, सभी का कहना था कि चाहे कुछ भी हो जाए हमें बलिदान क्यों न देना पड़े, कार्यक्रम अवश्य होगा। बसंतरावजी ने कहा कि कानून तोड़कर कार्यक्रम करने का निर्णय लेने से पहले श्री गुरुजी से आज्ञा ले लेनी चाहिए। इस समय श्री गुरुजी काशी प्रवास पर थे। बसंतरावजी ने स्वयंसेवकों के जोश को देखते हुए श्री अमरनाथजी को काशी भेज दिया। श्री गुरुजी ने कहा कि इस संबंध में सरकार से टकराव उचित नहीं है। हमें कानून तोड़कर कोई काम नहीं करना चाहिए। कार्यक्रम स्थगित कर दिया गया। इसके स्थान पर प्रांत में बड़े सम्मेलनों की रचना कर दी गई। एकदिवसीय सम्मेलन ९ मार्च को किया गया, जिसमें २५,००० स्वयंसेवकों ने भाग लिया। इस सम्मेलन में बाबू जय प्रकाश नारायण एवं पं. जवाहरलाल नेहरू ने भाग लिया। श्री गुरुजी के भाषण से अपार जन समूह मंत्रमुग्ध हो गया। इस प्रकार के सम्मेलन अन्य कई स्थानों पर हुए। राजस्थान का सम्मेलन अजमेर में ९ मार्च को हुआ।

आया भिखारी आज तेरे द्वार, माँग रहा है अपनी झोली पसार। दे दो माँ-बहनों अपनी झोली के लाल, देश धर्म के बलिदान पर, होने को बलिदान।

आज हमारी मातृभूमि चारों ओर से अशुभ वादों से घिरी हुई है—कहीं अलगावाद तो कहीं आतंकवाद आदि। केंद्र में जो भी सराकर आई, प्रदेश में उन्होंने केवल तत्कालवाद का सहारा लिया। कभी इन

समस्याओं का स्थायी हल नहीं निकला। जो कुछ प्रयत्न किया केवल तब तक, जब तक दूसरी सरकार नहीं आई, चुनाव के पश्चात् जिसका शासन रहेगा वही काम करे। भारत माँ को बलिदान के लिए अपनी झोली के अनेक लाल देश के रक्षार्थ हेतु समय-समय पर देने पड़े।

विभाजन के कारण पश्चिमी पाकिस्तान से हिंदू बहुत बड़ी संख्या में दिल्ली आएँगे और आने भी शुरू हो गए थे। इनके लिए योजना बनाई गई कि शहर की सभी धर्मशालाओं को विस्थापितों के लिए आरक्षित कर लिया जाए। उनकी देखभाल के लिए दिल्ली में हिंदू सहायता समिति का गठन किया गया। इसका प्रांत प्रमुख दिल्ली प्रांत के माननीय संघचालक ला. हंसराज जी को बनाया गया और समिति के मंत्री का दायित्व दिल्ली के प्रसिद्ध अधिवक्ता श्री वी.पी. जोशी को बनाया गया। हिंदू सहायता समिति ने विधिवत कार्य प्रारंभ कर दिया। प्रमुख विस्थापित शिविर बिड़ला मिल के सामनेवाले मैदान में बनाया गया। दूसरा पुरानी दिल्ली रेलवे स्टेशन के प्रांगण में, तीसरा किशनगंज रेलवे स्टेशन चाँदनी चौक तथा हवाई अड्डे पर बिड़ला मिल के सामनेवाले मैदान में। उस समय रेलवे स्टेशन से जो लोग आते प्रांगण शिविर ले जाए जाते। वहाँ पर नाश्ता आदि कराकर मुख्य अतिथिगृह में ले जाए जाते थे। इस कार्य के लिए हिंदू सहायता समिति की डिस्पोजल जीप, मोटर साइकिल एवं ट्रक आदि खड़े थे। इनका उपयोग कार्यकर्ता को उधर-इधर ले जाने के लिए किया गया। मुख्य शिविर से उन्हें धर्मशाला अथवा मुसलमानों के खाली पड़े मकानों में ले जाया जाता था। प्रत्येक धर्मशाला का एक प्रमुख एवं एक सहायक तय किया गया था। हिंदू सहायता समिति ने आह्वान किया। सहायता हेतु स्वयंसेवकों पर विश्वास तथा संघकार्य पर श्रद्धा होने के कारण से सहायता आनी प्रारंभ हो गई।

प्रमुख कार्यकर्ताओं की टोली सहायता प्राप्त करने के लिए जगह-

जगह जाने लगी। इसी प्रकार से थोक बाजारों से समान विस्थापितों के लिए मुख्य कार्यालय में आने प्रारंभ हो गए। नया बाजार से जो अनाज और दाल की थोक मंडी है। श्रीमान राम जी गुप्ता, अखिल भारतीय ग्रेन मर्चेंट एसोसिएशन के सचिव, का काफी अच्छा प्रभाव था। जब भी माँग की जाती तो सामग्री भेज दी जाती थी। अनाज एवं दालों को पर्याप्त मात्रा में भेजा गया था। समिति के गोदाम सामग्री से सदैव भरे रहते थे। खारी बावली मसालों का केंद्र था। यहाँ पर कई स्वयंसेवकों की थोक की दुकानें थीं। ये सभी कार्यकर्ता मसाला मंडी में अच्छा प्रभाव रखते थे। इस मंडी में एक कार्यकर्ता को प्रमुख बना दिया गया। वहाँ हर मास सामान इकट्ठा करके एक ट्रक समान से भरा हुआ भिजवा देते थे। इसके अतिरिक्त सब्जी मंडी में कार्यकर्ताओं को आवश्यकतानुसार सब्जी इकट्ठी करने भेजा जाता। इस प्रकार कार्यकर्ता घर-घर जाकर कपड़े तथा अन्य सामान इकट्ठा करते थे। इस क्रम में बजरंग दल के उस्ताद श्री आनंदजी, जो खारी बावली के वरिष्ठ अधिकारी थे, उन्होंने अपने प्रभाव का इस्तेमाल कर बहुत बड़ी मात्रा में कंबल पहुँचाएँ। लोगों ने कंबलों के साथ रजाइयाँ भी भेजीं। बच्चों एवं रोगियों के लिए दूध का इंतजाम किया गया। दवाइयाँ भागीरथ पैलेस से मगाई जाती थीं।

विस्थापितों के जीवन में स्थिरता आते-आते थोड़े समय में दिल्ली में शाखाओं का जाल बिछ गया और एक प्रभावशाली सामर्थ्य खड़ा हो गया। दिल्ली को मुसलमानों से बचाया ही नहीं, अपितु उनको लोहे के चने भी चबवाए। समाज के विस्थापितों की सेवा का जो कार्य संघ कर रहा था उस कर्तव्य की, संस्कार एवं निःस्वार्थ भाव की शिक्षा संघ की शाखाओं से मिली। केवल कर्तव्य एवं बंधु भावना से कार्य हो रहा था। इतना बड़ा एवं कठिन काम बिना जनता के सहयोग के कर पाना संभव नहीं था। समाज में संघ को सरकार एवं अन्य दल अपना रक्षक मान रहे

थे। कांग्रेसी तथा अन्य विरोधी दलों को यह लोकप्रियता पच नहीं रही थी। वे संघ के बढ़ते हुए कदमों को रोकना चाहते थे और संघ की इस बढ़ती हुई शक्ति को किसी-न-किसी प्रकार से दबाना चाहते थे। कहने के लिए सबके पास एक ही बात थी कि संघ के लोग हिंसा के पुजारी हैं और मुसलिम विरोधी ही नहीं, अपितु मुसलमानों के हत्यारे भी।

महात्मा गांधी की हत्या के पश्चात् संघ पर प्रतिबंध लगा दिया गया। गिरफ्तारी में बचे हुए स्वयंसेवकों ने मुख्य शिविर का प्रबंध पूर्ण तत्परता के साथ सँभाल लिया। कांग्रेस के लोगों को यह भी सहन नहीं हुआ। शासन की ओर से यह आदेश जारी हुआ कि नकद राशि भुगतान करने पर भी संघ को राशन नहीं दिया जाएगा। ऐसा हो जाने पर स्वयंसेवकों ने जन सहयोग से १५ दिन और चलाया। इसके पश्चात् शासन ने, जो विस्थापित संघ शिविरों में रह रहे थे, उनको किंग्सवे कैंप में प्रतिस्थापित कर दिया और कह दिया कि इसकी सारी व्यवस्था सरकार करेगी।

हम सहज रूप से कांग्रेसी मानसिकता को पहचान सकते हैं। विस्थापितों के सेवा कार्य को तथा हिंदू रक्षा का दबाव कम हो जाने के कारण अब हम सबको पुनः शाखा कार्य में लगना होगा। हिंदुओं की रक्षा तथा विस्थापितों के सेवा कार्यों में लगने के कारण शाखाएँ कमजोर हो गई थीं। उन पर ध्यान देंगे, परंतु ऐसा लगता है कि विधाता को यह योजना पसंद नहीं आई। ३० जनवरी, १९४८ को सायं लगभग ७ बजे श्री बनारसी दासजी के घर सुंदरकांड का पाठ समाप्त होने के पश्चात् जब प्रसाद वितरण हो रहा था तो कुछ लोगों ने नारे लगाने शुरू कर दिए। कुछ लोगों ने नारे लगाते हुए दिल्ली नगर संघचालक मा. ला. हरिचंदजी के घर हल्ला बोला, परंतु हरिशजी तथा उनके साथ रहनेवाले ३-४ स्वयंसेवकों, जिनके प्रमुख श्री रामकिशन भड़भूजेवाले थे लालाजी एक हाथ में पिस्टल तथा दूसरे में छड़ी लेकर दरवाजे पर खड़े थे।

उन्होंने बड़ी ऊँची आवाज में ललकारते हुए कहा कि मैंने छड़ी से एक लक्ष्मण रेखा खींची है, जो भी इस रेखा को पार करने का प्रयत्न करेगा उसकी खैर नहीं। वे सभी लोग थोड़ी देर बाद हल्ला बोलकर अपने घरों को चले गए। इसी बीच पुलिस को अनेक कार्यकताओं द्वारा रेडियो पर बताया गया कि जब महात्मा गांधी बिरला हाउस प्रार्थना सभा में जा रहे थे, किसी नाथू राम गोडसे नामक संघी ने गोली मारकर उनको वहीं ढेर कर दिया। दूसरे दिन पता चला कि संघ एवं राष्ट्रवादी तथा हिंदू संगठनों से संबंधित प्रमुख हिंदू लोगों को धारा ३०३ एवं ३०७ के तहत गिरफ्तार कर लिया गया। संघ के सरसंघचालक प. पू. श्री गुरु जी को भी उपरोक्त धाराओं में गिरफ्तार कर लिया है। धारा ३०३ का अर्थ है हत्या करना तथा ३०७ का अर्थ है हत्या का प्रयत्न करना। इन्हीं धाराओं के अंतर्गत सैकड़ों कार्यकर्ताओं को सारे देश में जेल में डाल दिया था, जबकि इसका इन सबसे कुछ लेना-देना नहीं था। प. प. श्री गुरुजी ने तार द्वारा १३ दिन तक शाखा न लगाने तथा शोक रखने का संदेश दे दिया। सरकार ने ४ फरवरी, १९४८ को संघ पर प्रतिबंध लगा दिया। शाखाएँ बंद हो गईं। कार्यकर्ता जेल में डाल दिए गए। कुछ कार्यकर्ता पकड़े नहीं गए, ऐसे सभी कार्यकर्ता भूमिगत होकर अन्य कार्यकर्ताओं का सहयोग लेकर, संघ शाखाओं को चलाते रहे। शाखा को शाखा के रूप में लगा नहीं सकते थे। प्रभात की शाखाओं में अपनी सुविधा एवं रुचि के अनुसार कार्यक्रम किए। कुछ शहर में गए, कुछ ने फुटबॉल खेला। सरकारी कर्मचारियों ने मिंटो रोड नाम से एक क्लब चलाया तथा कुछ समय पश्चात् सरकार से मिंटो रोड कल्ब के लिए जवाहरलाल नेहरू मार्ग स्थान पर आबंटित करवाया और मिंटो रोड क्लब के स्थान पर ही नगर निगम दिल्ली से पर सिटीजन नाम का एक बड़ा भवन बनवाया। इस प्रकार से स्वयंसेवकों से जीवित संपर्क रखा।

इसी प्रकार सायं शाखा में वॉलीबॉल, फुटबॉल, रिंग, क्रिकेट, गिल्ली डंडा व अन्य खेलकूद आदि कार्यक्रम चलते रहे। मु.शि. सायं शाखा में एक मजेदार खेल था। कार्यकर्ता शाखा स्थान पर ठीक समय पर पहुँचते थे। एक चौकी पर कुछ हिंदू देवी-देवताओं के चित्र रखकर उनको माला पहनाकर कुछ फूल रख देते थे, स्वयंसेवक ध्वज प्रणाम के बदले देवी-देवताओं के चित्रों पर पुष्प अर्पण कर अपना स्थान ग्रहण करते। स्वयंसेवकों को देखकर अन्य लोग भी पुष्प चढ़ाते थे। मु. शी के द्वारा सत्यानारायणजी की कथा की जाती, जिसे सब सुनते थे। कथा सुननेवालों की संख्या दिन-प्रतिदिन बढ़ने लगी। कथा पर जो चढ़ावा आता उसका उपयोग कथा की व्यवस्था के लिए किया जाता। कथा को रुचिकर बनाने के लिए वृद्ध व्यक्तियों द्वारा कीर्तन, भजन आदि किया जाता तथा कभी-कभी संघ के किसी अधिकारी द्वारा उनका मार्गदर्शन भी किया जाता और विद्वान व संतों का प्रवचन भी होता था।

युवाओं को अपने साथ जोड़ने के लिए अखिल भारतीय विद्यार्थी परिषद् का गठन किया गया। इससे तरुण स्वयंसेवकों की गतिविधियों को गति मिली। इसी प्रकार से तरुण मंडल प्रारंभ किया। व्यवसायी स्वयंसेवकों के लिए जनाधिकार समिति पहले से ही काम कर रही थी। इस संगठन के नेता पं. मौली चंद्र शर्मा, जो आगे चलकर भारतीय जनसंघ के अखिल भारतीय अध्यक्ष बनाए गए, वे इसके माध्यम से कई विषयों पर जनमत कर रहे थे। इस देश की भाषा तथा नाम क्या होना चाहिए, इस पर एक नारा लोकप्रिय हुआ हिंदी, हिंदू हिंदुस्तान। संघ पर प्रतिबंध लगाने के बाद श्री गुरुजी दिल्ली में प्रधानमंत्री पं. जवाहरलाल नेहरू एवं तत्कालीन गृहमंत्री सरदार पटेल से मिले, ताकि संघ को लेकर जो भ्रांतियाँ इनके मन में हैं वे दूर हो सकें। इस विषय पर कई बार वार्त्तालाप हुई, परंतु कोई परिणाम नहीं निकला। वे कुछ दिन दिल्ली

में मा. ला. श्री हंसराजजी गुप्ता के घर रहने के बाद नागपुर वापिस चले गए। वहाँ से भी गुरुजी ने उनसे पत्र व्यवहार किया। कोई परिणाम नहीं निकला। आखिरी बार प.पू. श्री गुरुजी दोनों नेताओं से मिलने आए और संघ की भूमिका को स्पष्ट करने का प्रयत्न किया।

वार्ता असफल होने के बाद श्री गुरुजी ने एक पत्र प्रधानमंत्री और एक पत्र सरदार पटेल को सत्याग्रह के बारे में अवगत कराते हुए लिखा कि एक बार हमारी प्रार्थना पर पुनः विचार किया जाए। निश्चित तिथि तक उत्तर नहीं आया तो श्री गुरु जी ने एक पत्र स्वयंसेवकों के नाम लिखकर सत्याग्रह का आह्वान किया।

पहले से निश्चित मा. भैयाजी दाणी संघ के सर कार्यवाह श्री गुरुजी के दूत के रूप में ९ दिसंबर, १९४८ को नागपुर से दिल्ली जंक्शन पर आए तो उनके स्वागत के लिए जनसैलाब उमड़ पड़ा। जैसे ही वे प्लेटफॉर्म पर आए पुलिस अधिकारी उनके पास पहुँचा, एक कागज पर उनसे हस्ताक्षर करवाए और कहा कि तुम गिरफ्तार हो। यह सुनकर कार्यकर्ताओं में जोश तथा आक्रोश देखने लायक था। भैयाजी ने पुलिस की गाड़ी में बैठते समय स्वयंसेवकों को सत्याग्रह प्रारंभ करने का आदेश दिया। दिल्ली में ९ दिसंबर, १९४८ को स्वयंसेवकों का पहला जत्था सत्याग्रह के लिए निकला। सब भारतमाता की जय, श्रीगुरुजी को छोड़ दो, संघ अमर हैं, संघ से प्रतिबंध हटाओ आदि नारे लगाते हुए चाँदनी चौक पहुँचे। वहाँ पुलिस ने कहा कि तुम सब गिरफ्तार कर लिये गए हो, गाड़ी में बैठो। प्रहलादजी ने कहा कि गाड़ी में बैठने से पहले हम सब प्रार्थना करेंगे। पुलिस ने स्वीकार किया कि प्रार्थना के पश्चात् सब गाड़ी में बैठें। इस प्रकार दिल्ली में प्रतिदिन कहीं-न-कहीं सत्याग्रह होता था।

१६ दिसंबर, १९४८ को चाचा नेहरू मेला का आयोजन होना

था। स्वयं पं. जवाहरलाल नेहरू आनेवाले थे। उस दिन अनिलजी इसके लेखक के नेतृत्व में ११ बाल स्वयंसेवकों की एक योजना बनी जिसमें से एक सिख था, यह ऐसी योजना थी कि सत्याग्रह करनेवाले स्वयंसेवक चाचा नेहरू की कार के आगे लेट जाएँगे। सब निश्चित स्थान पर पहुँचे। वहाँ संघ अधिकारी पहले से ही थे। वहाँ पर माता-बहनों ने स्वयंसेवकों को तिलक किया। इतने में नेहरूजी की कार आ गई। हम बस भारतमाता की जय के नारे लगाते हुए कार के सामने लेटने लगे, परंतु पुलिस ने प्रयास निष्फल कर दिया और सबको जबरदस्ती गाड़ी में बिठाना शुरू कर दिया। लोगों को मारना शुरू किया, पत्थरबाजी होने लगी। सबको जेल में डाल दिया गया।

१७ दिसंबर, १९४८ को प्रातः १० बजे हम लोगों के लिए थाने में ही अदालत लगी और सबको बुलाकर कहा कि तुमने कानून तोड़ा है। हम सबने कहा कि संघ पर से प्रतिबंध हटाना तथा गुरुजी को छोड़ने की बात करना यदि कानून तोड़ना है तो हाँ, हमने कानून तोड़ा है और ऐसा करते रहेंगे। सजा सुनाने से पहले एक सिख स्वयंसेवक हरभजन सिंह से कहा कि क्या तुमने गुरुजी को देखा है? वह बोला नहीं, फिर उसने मजिस्ट्रेट से पूछा कि क्या तुमने वाहे गुरु को देखा है? वे बोले नहीं, वह बोला कि फिर क्यों रोज वाहे गुरु का पाठ करते हो। मजिस्ट्रेट के पास इसका कोई जवाब नहीं था। फिर सबको ६ महीने की सजा एवं ५०० रुपए जुर्माना लगाया। जुर्माना न भरने पर एक महीने की सजा बढ़ा दी गई। उसके बाद हम सबको गाड़ी में डालकर केंद्रीय कारागार, जहाँ आज मौलाना आजाद मेडिकल कॉलेज है, में भेज दिया गया। जनवरी मास में, जहाँ सारे देश की जेलों में विद्यार्थी बंद थे, उनको सरकार ने बिना किसी शर्त के रिहा कर दिया, ताकि सभी विद्यार्थी अपनी परीक्षा दे सकें।

सरकार इस आंदोलन को दबाने में लगी रही। उन्होंने सत्याग्रहियों से जुर्माने की जबरन वसूली, मकान कुर्की तथा उनके परिवारों को परेशान करना शुरू कर दिया, परंतु सरकार को कोई वांछनीय परिणाम नहीं मिला। सत्याग्रह निरंतर चलता रहा। चारों ओर से देश के प्रतिष्ठित एवं विचारशील लोगों के द्वारा भर्त्सना होने लगी। सारे देश में ६०,००० लोग बंदी बनाए गए। यह बड़ा आंदोलन था। संघ के स्वयंसेवकों तथा उनके घरवालों के साथ इस प्रकार का व्यवहार देखकर कुछ लोग बिचौलिए बनकर समझौता कराने आ गए। जिसमें मराठी पत्र केसरी के पूर्व संपादक श्री केतकरजी और मद्रास प्रांत के पूर्व महाधिवक्ता टी.आर. वैंकटरावजी इत्यादि थे।

सन् १९४९ में श्री केतकरजी ने दो बार श्री गुरुजी से जेल में भेंट की, जिसके परिणाम स्वरूप २२ जनवरी, १९४९ को सत्याग्रह स्थगित कर दिया गया। फरवरी १९४९ में श्री शास्त्रीजी ने श्री गुरुजी से भेंट की तथा प्रमुख संघ अधिकारियों से विचार-विमर्श के पश्चात् संघ संविधान का प्रारूप तैयार कर दिया गया। १० मार्च, १९४९ को उस पर गुरुजी के हस्ताक्षर करवा दिए गए। वह संविधान सरदार पटेल को भेज दिया गया। श्री गुरुजी और गृहमंत्री तथा उनके सचिवों के बीच अप्रैल, मई, जून १९४९ में पुनः पत्राचार हुआ, जिसमें अप्रिय प्रसंग भी आए। इसके बाद श्री गुरुजी ने पत्राचार बंद कर दिया।

१० जुलाई, १९४९ को पं. मौली चंद शर्मा, अध्यक्ष जनाधिकार समिति, श्री गुरुजी से मिले और उन्होंने अपने नाम से श्री गुरुजी से एक पत्र ले लिया। जिसमें संघ के बारे में सरकार के द्वारा अनेक शंकाएँ प्रकट की जा रही थीं। उन शंकाओं का निराकरण कर संघ का ध्येय, नीति स्पष्ट की। उस पत्र को आधार बनाकर सरकार ने १२ जुलाई, १९४९ को बिना किसी शर्त के संघ से प्रतिबंध हटा लिया और सभी को

जेलों से रिहा कर दिया।

२१ जुलाई को जेल से रिहा होने के बाद नागपुर और दिल्ली के रास्ते में रेलवे स्टेशन पर श्री गुरुजी का भव्य स्वागत किया गया। जब श्रीगुरुजी दिल्ली पहुँचे तो सारे स्टेशन पर भारतमाता की जय, संघ अमर है, श्री गुरुजी की जय हो के नारे गूँज उठे। मा. लाला हंसराजजी के निवास स्थान पर प्रचंड भीड़ श्री गुरुजी के दर्शनार्थ एवं स्वागत के लिए खड़ी थी। रामलीला मैदान पर स्वागत सभा का आयोजन किया गया। श्री गुरुजी ने कहा कि प्रतिबंधकाल की कटुता को भुला दो, जो कुछ हुआ हो गया। दुखद स्मृतियाँ रखने में क्या लाभ? यदि किसी ने.विरोध किया या विपरीत कहा तो वे हमारे अपने ही तो हैं, कहीं बाहर से तो नहीं आए। राष्ट्र पुरुष का साक्षात्कार करनेवाले क्रोध धारण नहीं करते।

२२ अगस्त, १९४८ को दिल्ली के नागरिकों की ओर से श्री गुरुजी के अभिनंदन समारोह का आयोजन सायंकाल के समय रामलीला मैदान में किया गया। जिसमें उपस्थित लाखों लोग थे। अपने अभिनंदन का उत्तर देते हुए श्री गुरुजी बोले कि जब से राष्ट्रीय स्वयंसेवक संघ में अविष्ट होने का अवसर मिला है, मैंने और मेरे साथियों ने प्रसिद्ध परांगमुख जीवन जिया है। दुर्भाग्य से ऐसी वृत्ति से कार्य करने को कुछ लोग गुप्त कार्य कहते हैं। मनुष्य को अपने गुणों की प्रशंसा करना शोभा नहीं देता, किंतु आज ऐसा न करनेवालों के बारे में भ्रम फैलाया जा रहा है। जिस भारतवर्ष में तपस्वियों ने घर त्यागकर पर्वतों में आध्यात्म साधना की, पवित्र जीवन जीते हुए मानवता के श्रेष्ठ गुणों को रक्षित और विकसित किया तथा समाज के उत्थान में जीवन अर्पित करते हुए मानवता को संपन्न किया, वहाँ उसी परंपरा का मार्ग हमने भी अपनाया है।

प्रतिबंध के पश्चात् ३ मार्च से ६ मार्च, १९५० तक तीन दिवसीय बसंत सम्मेलन का आयोजन नांगलराया नामक स्थान पर दिल्ली छावनी

के निकट किया, तीनों दिन श्री गुरुजी का शिक्षार्थियों को मार्गदर्शन मिला। उनके बौद्धिक वर्गों ने नवचेतना भरकर अनुपम उत्साह का संचार किया, जिसमें साधारण कार्यकर्ता में भी असाधारण शक्ति आ गई।

राष्ट्रीय स्वयंसेवक की अखिल भारतीय प्रतिनिधि सभा की बैठक सितंबर १९५२ में नागपुर में हुई थी। उसमें एक प्रस्ताव पारित किया गया, जिसमें गोवंश हत्या पर पूर्ण प्रतिबंध लगाने के लिए सरकार को बाध्य करने हेतु एक देशव्यापी जनमत चलाने का निर्णय हुआ। देश भर में सभा-प्रदर्शनी द्वारा जन जागरण के अतिरिक्त गाँव-गाँव, नगर-नगर और घर-घर जाकर हस्ताक्षर संग्रह किए गए। अभियान की अवधि समाप्त होने पर सारे देश से हस्ताक्षरों को दिल्ली मँगवाया गया। इन हस्ताक्षरों-पत्रों के गट्ठर बनाए गए और गिनती की गई तो पौने दो करोड़ हस्ताक्षर निकले। इन पत्रों को बैलगाड़ियों में लादकर रामलीला मैदान में, जहाँ एक सार्वजनिक सभा हो रही थी, वहाँ लाया गया। इस विशाल सभा की अध्यक्षता नामधारी सिखों के प्रमुख गुरु प्रताप सिंह ने की। इस सभा का श्री गुरुजी, संसद् में विपक्ष के नेता डॉ. श्यामप्रसाद मुकर्जी, हिंदू महासभा, आर्य समाज इत्यादि नेताओं ने भी संबोधित किया।

८ दिसंबर, १९५२ को श्री गुरुजी लाला हंसराजजी गुप्ता को साथ लेकर राष्ट्रपति डॉ. राजेंद्र प्रसाद जी से मिलकर उन्हें हस्ताक्षर पत्र समर्पित किए और साथ में एक ज्ञापन भी दिया, जिसमें राष्ट्रपति से गोवंश हत्या पर पूर्ण प्रतिबंध लगाने का निवेदन किया गया।

१९ फरवरी, १९५६ को श्री गुरुजी ने ५० साल पूरे कर ५१ वें साल में प्रवेश किया। दिल्ली के कार्यकर्ताओं की इच्छा थी कि गुरुजी का अर्धशताब्दी दिवस बड़ी धूमधाम से मनाया जाए। परंतु गुरुजी किसी भी प्रकार के प्रदर्शनात्मक आयोजन के विरुद्ध थे। यह पता होने पर भी दिल्ली के ४-५ प्रमुख कार्यकर्ता श्री गुरुजी से मिले तथा आयोजन की

स्वीकृति के लिए लाला हंसराजजी की कोठी पर गए और गुरुजी को इन सबने अपने आने का कारण बताया। परंतु गुरुजी माने नहीं। बहुत आग्रह करने पर उन्होंने केवल ऐसे कार्यक्रमों की अनुमति दी जो संघ की वृद्धि में सहायक हो।

५ जनवरी, १९५८ को दिल्ली शाखा के वार्षिकोत्सव में २००० पूर्ण गणवेशधारी स्वयंसेवक तथा दस हजार नागरिकों को रामलीला मैदान में संबोधित किया। सन् १९६२ दिल्ली शाखा का वार्षिकोत्सव, जो रामलीला मैदान में सार्वजनिक रूप से मनाया गया, वहाँ संबोधित करते हुए कहा कि हमारा चीन पर बड़ा विश्वास है, परंतु यह विश्वास गलत साबित होगा। चीनी भारतवर्ष पर कभी भी आक्रमण कर सकता है। नेहरूजी ने तीन प्रकार की सेनाओं को रिजर्व भेज दिया था। कुछ की छुट्टी कर दी थी। इस विषय पर बातचीत हुई थी तो उन्होंने कहा कि हमें अपनी सीमाओं का विस्तार नहीं करना है। हम तो 'जियो और जीने दो', 'अहिंसा परम धर्मः' इन पर विश्वास करते हैं। तो हमें सेना की क्या आवश्यकता है। गुरुजी ने कहा कि हमें अपनी सीमाओं का विस्तार नहीं करना, परंतु अपनी सीमाओं की रक्षा के लिए तो सेना की आवश्यकता पड़ेगी। नेहरूजी ने कहा कि हम इसके लिए तैयार नहीं हैं। तत्कालीन रक्षामंत्री कृष्ण मेनन ने भी उनकी हाँ-में-हाँ मिला दी। सैनिकों के पास तो ठंड से बचने के लिए पहनने, ओढ़ने व बिछाने के कपड़े तक नहीं थे।

सन् १९६२ में चीन ने भारत पर आक्रमण किया। यह जानकारी मिलने पर स्वयंसेवक सरकार की सहायता के लिए पहुँच गए। इतना ही नहीं, सैनिक के पास युद्ध की सामग्री भी नहीं थी, तब स्वयंसेवकों ने सारे देश से धन एवं सोना एकत्रित कर युद्ध की सामग्री, कपड़े एवं ट्रांजिस्टर मोरचों पर भिजवाए। घायलों के लिए खून की व्यवस्था की

गई। संघ की निंदा करनेवाले पं. जवाहरलाल नेहरू ने इस कार्य से प्रभावित होकर २६ जनवरी, १९६३ को संघ की एक टुकड़ी को परेड में शामिल होने का निमंत्रण दिया। केवल दो दिन की सूचना पर ३००० स्वयंसेवक पूर्ण गणवेश में अपने घोप सहित परेड में सम्मिलित हुए।

अगस्त १९६५ को पाकिस्तान द्वारा भारत पर आक्रमण की सूचना फोन पर तत्कालीन प्रधानमंत्री ने श्री गुरुजी को दी। वे उस समय महाराष्ट्र प्रांत के प्रवास पर थे। श्री गुरुजी महाराष्ट्र का प्रवास छोड़कर प्रधानमंत्री लाल बहादुर शास्त्री के द्वारा सर्वदलीय बैठक में पहुँचे। संपूर्ण सहयोग के प्रति अपना आश्वासन दिया। दिल्ली सरकार ने ऐसे दलों के प्रमुखों, जिनके पास वॉलेंटियर हैं, उनकी अगले दिन बैठक बुलाई। बैठक में महावीर दल, आर्य समाज का आर्यवीर दल, कांग्रेस का सेवा दल, रामलीला कमेटी के वालेंटियर प्रमुख, बजरंग बल के उस्ताद इत्यादि को बुलाकर बताया कि युद्ध के समय दिल्ली में कानून व्यवस्था, चौराहों पर यातायात नियंत्रण तथा सार्वजनिक दायित्व को निभाने के लिए वालेंटियर्स की आवश्यकता है। इस बैठक में संघ को नहीं बुलाया। बैठक में सभी लोग चुप बैठे रहे। किसी ने कोई दायित्व स्वीकार करने की हिम्मत नहीं दिखाई, तो उनमें से एक व्यक्ति बोला कि जिस संगठन के पास सभी दायित्व सँभालने की शक्ति है वह है राष्ट्रीय स्वयंसेवक संघ। अत: बैठक आहत करनेवाले सरकारी अधिकारी के ध्यान में यह बात आ गई और बैठक से ही प्रांत संघचालक मा. हंसराजजी गुप्ता को बैठक में आने के लिए निवेदन किया। उन्होंने निवेदन स्वीकार किया और एक वरिष्ठ कार्यकर्ता को साथ लेकर वहाँ गए। बैठक में फिर विषय पर चर्चा हुई। जो दायित्व स्वयंसेवकों को दिए गए उन्हें बखूबी निभाया तथा उन दिनों कोई दुर्घटना भी नहीं हुई, जिससे पुलिस निश्चिंत होकर संवेदनशील स्थानों पर सुरक्षा का महत्त्वपूर्ण कार्य कर सकी।

युद्ध के प्रारंभ होते ही स्वयंसेवकों की एक टोली प्रतिदिन रक्तदान करने के लिए दिल्ली के जनरल अस्पताल पहुँचती थी। जब किसी प्रकार की आवश्यकता होती थी तो सेना के अधिकारी संघ कार्यालय फोन करते थे। इतना ही नहीं, स्वयंसेवक सैनिकों के कमरे में खाना, चाय इत्यादि देने जाते थे। घायल सैनिकों को जो दिल्ली के छावनी के जनरल सेना अस्पताल में दाखिल थे, उनको फल, दूध आदि भी स्वयंसेवकों द्वारा दिया गया। दिसंबर १९७१ में पुनः पाकिस्तान के साथ युद्ध छिड़ गया। स्वयंसेवक हर प्रकार का नागरिक सहयोग जुटाने और सक्षम अधिकारियों को सहयोग करने के लिए तैयार हो गए। दिल्ली से संघ अधिकारियों ने निर्णय लिया कि प्रत्येक जिला के ५-६ जिले के प्रमुख स्वयंसेवकों की टोली पुलिस एस.पी. से मिलकर हर प्रकार के सहयोग का आश्वासन ही नहीं देंगे, अपितु अपने जिले के ऐसे स्वयंसेवकों की सूची देंगे जो आवश्यकता पड़ने पर उपस्थित हो सकें। ४-५ प्रमुख स्वयंसेवकों ने दरियागंज क्षेत्र के एस.पी. को हर प्रकार से सहयोग का आश्वासन दिया और साथ में २०० स्वयंसेवकों की सूची सौंपी तथा उनसे कहा कि हर दो-तीन घंटे में सब निश्चित स्थान पर पहुँच जाएँ। साथ में उनके फोन नंबर भी दिए गए। आवश्यकता पड़ने पर सभी को सूचना दे दी जाएगी। उसके अनुसार कार्य प्रारंभ हो जाएगा। एस.पी. मन-ही-मन हँस रहे थे तो एक स्वयंसेवक ने पूछा कि आप क्यों हँस रहे हैं तो वे बोले कि पुलिस थाने में सब के रहने पर भी एक घंटे में आवश्यकता पड़ने पर इकट्ठी नहीं होती तो आप अलग-अलग जगह से कैसे तैयार होकर २-३ घंटे में इकट्ठे हो सकते हैं। मुझे संभव नहीं लगता, यह झूठा आश्वासन लगता है। हमने कहा कि हाथ कंगन को आरसी क्या?

तीसरे दिन एस.पी. साहब का फोन आया, मैं उस समय अपने

कार्यालय में काम में व्यस्त था, कि सी.आई.डी. की सूचना के अनुसार पाँच बजे तक राजघाट पावर हाउस को पाकिस्तानी बम से उड़ा देंगे। इसके बचाव हेतु पुलिस की सहायता के लिए ४ बजे तक १२५ आदमी राजघाट पावर हाउस के गेट पर पहुँच जाएँ, मैं (एस.पी.) भी उपस्थित रहूँगा।

सभी पूर्ण गणवेश में समय पर पहुँच गए, एस.पी. साहब को लेने भेजा। उनके आने के बाद जब स्वयंसेवकों की गिनती की गई तो उनकी संख्या १५० निकली। यह देख पुलिस को सुखद आश्चर्य हुआ। सभी को मंडली में बिठा दिया गया। सबका जोश देखते ही बनता था। कोई गा रहा था, कोई मस्ती कर रहा था। यह जोश देख पुलिस अधिकारी भी नाचने लगे। ६:३० हो गए थे, सभी को विश्राम की आज्ञा दी तथा एस.पी. साहब ने सभी को बुलाया और उन्होंने घोषणा की, अब सब टल गया तथा आप सभी चाय पीकर जा सकते हैं।

हमने अपने ८-१० प्रमुख कार्यकर्ताओं को रोका। पुलिसवालों के साथ चाय पीते-पीते हमने पूछा कि आप लोगों का अनुभव कैसा रहा। उन्होंने कहा कि हैरानी की बात है कि इतने कम समय में सब कार्य शांतिपूर्वक कर लेना। एक पुलिस अधिकारी ने पूछा कि इतने कम समय में हुआ कैसे? उन्होंने कहा कि इस व्यवस्था को समझना हो तो शाखा आया करो। फिर हमने उनको सारी व्यवस्था बताई। यह सुनकर उनको आश्चर्य हुआ। खतरा नहीं था, हमने आप लोगों को आजमाया, आप उसमें सफल रहे।

२-३ दिन पश्चात् दरियागंज थाने के एस.एस.ओ. का टेलीफोन आया कि मिलिटरी अस्पताल में सैनिकों के लिए रक्त की आवश्यकता है। ५० लोगों को दिल्ली छावनी के मिलिटरी अस्पताल में भेज दें तो हमने तुरंत ६० स्वयंसेवकों को रक्तदान के लिए भेज दिया।

पुलिस अधिकारियों पर बहुत अच्छा प्रभाव पड़ा। उन्होंने कहा कि गली कूचे एवं मौहल्लों में जो नागरिक समितियाँ बनाई गईं, ये समितियाँ रात भर पहरा देती हैं, परंतु कोई दुर्घटना होने पर सबसे पहले सब घर को भाग जाते हैं, केवल संघी ही वहाँ रहते हैं। इस प्रकार का विश्वास पुलिस एवं सेना अधिकारियों में बना।

११ जनवरी, १९६६ को प्रधानमंत्री लाल बहादुर शास्त्री की ताशकंद में मृत्यु हो गई। मृत्यु के पश्चात् कामराज ऐंड कंपनी ने श्रीमती इंदिरा गांधी को प्रधानमंत्री बना दिया। उनका जिद्दी स्वभाव होने के कारण जिसका नेतृत्व, कामराज, मुरारजी भाई देसाई इत्यादि कर रहे थे, वे अलग हो गए। कांग्रेस के विभाजन के पश्चात् उन्हें पुरानी कांग्रेस कहा जाने लगा था। डॉ. राम मनोहर लोहिया इंदिरा गांधी को गूंगी गुड़िया कहते थे। श्रीमती गांधी ने सन् १९७१ में लोकसभा के चुनावों का समय पूर्व भंग करके घोषणा कर दी और चुनाव में भारी बहुमत लेकर जीतीं।

इस चुनाव में श्री राजनारायण जी ने श्रीमती गांधी के विरुद्ध चुनाव लड़ा था, उसमें वे हार गए थे। श्रीमती गांधी पर चुनाव में निर्धारित सीमा से बहुत अधिक व्यय करने के आरोप में इलाहाबाद उच्च न्यायालय में एक मुकदमा चल रहा था। १२ जून, १९७५ को न्यायालय का निर्णय सुनाया गया। जिसमें श्रीमती गांधी का चुनाव निरस्त कर दिया गया था। श्रीमती गांधी प्रधानमंत्री का पद छोड़ना नहीं चाहती थीं। सारे देश में प्रांतशः कांग्रेस के लोग दिल्ली में प्रदर्शन करने आते और नारे लगाते 'कि इंदिराजी संघर्ष करो हम तुम्हारे साथ हैं'। एक प्रकार से प्रांतों में प्रदर्शन में अधिक लोगों के आने की होड़ लगी हुई थी। इसी बीच २५ जून, १९७५ सायंकाल में दिल्ली के रामलीला मैदान में लाखों की संख्या में लोग एक सभा में बाबू जय प्रकाश नारायण को सुनने आए।

इन दिनों संघ शिक्षा वर्ग रोहतक में लगा हुआ था। संघ के झंडेवाला विभाग के विभाग कार्यवाह (लेखक) तथा विभाग के अन्य वरिष्ठ कार्यकर्ताओं ने यह तय किया कि दायित्ववान स्वयंसेवक शिक्षक एवं उससे ऊपर के सभी कार्यकर्ताओं का एक अल्पकालीन प्रशिक्षण वर्ग एक सप्ताह के लिए प्रतिदिन लगाया जाए। रात्रि के ८:३० बजे से प्रात: ८:३० बजे तक इस निश्चयानुसार २५ जून, १९७५ को रात्रि ८:३० तक संघ कार्यालय झंडेवाला प्रशिक्षण के लिए स्वयंसेवक आए। उसी दिन रात्रि को इस शिक्षण वर्ग का उद्घाटन स्व. श्री दुलीचंदजी के द्वारा संपन्न हुआ तथा उनका ही बौद्धिक वर्ग था। वे भी रात्रि को कार्यालय में सोने के लिए गए। इसके पश्चात् लेखक ने शिक्षकों एवं प्रबंधकों की बैठक ली। यह बैठक दीप प्रज्वलन से प्रारंभ हुई तथा उसके समाप्त होने के पश्चात् सब सोने चले गए। इतने में पुलिस उन्हें ढूँढ़ती आ पहुँची। मा. दुलीचंदजी एवं डॉ. चंद्रा कांतजी को सकुशल निकाल दिया गया था। मैं छत से उतरकर आया तो देखा कि बाहर एक पुलिस अफसर के साथ ट्रक में ४-५ पुलिसवाले बैठे थे। पुलिस ऑफिसर दरवाजा खोलने को कह रहा था कि यदि दरवाजा नहीं खोला तो दरवाजा तोड़ दूँगा। इतने में कार्यालय प्रमुख देवराजजी ने दरवाजा खोल दिया। पुलिस अफसर ने अंदर आकर श्री देवराजजी से पूछा कि यहाँ पर कितने लोग हैं। उन्होंने कहा कि १७५। उन्होंने पूछा कि कहाँ से आए। वे बोले, ये सब हमारे मेहमान हैं। राजस्थान से दिल्ली घूमने आए हैं। टेलीफोन की घंटी बजी। फोन उठाया, वे श्रीमान आर.के. मल्कानीजी बोल रहे थे कि मुझे पुलिस ने गिरफ्तार कर लिया है। कार्यालय में सभी लोगों को स्थान छोड़ने को कहा है। सब धीरे-धीरे पीछे के दरवाजे से निकल गए। फिर हम जनसंघ के मंत्री श्री प्रेम सागर गुप्ताजी के घर गए, तो उनकी पत्नी ने बताया कि सुबह पुलिस आई थी तो वे पिछले

दरवाजे से निकल गए हैं।

जहाँ भी गए वहाँ यह समाचार मिला कि पुलिस आई थी, वे घर से चले गए हैं। हम लोग इधर-उधर चले गए। दो दिनों तक किसी अधिकारी से संपर्क नहीं हुआ। कोई समाचार पत्र नहीं और रेडियो भी नहीं। तीसरे दिन प्रातः लगभग १० बजे डॉ. सुरेशजी वाजपेयी ने मिंटो रोड बस स्टैंड पर मुझे खड़े देखा और बताया कि सायं ४ बजे शिवाजी स्टेडियम में बैठक है। आप वहाँ पहुँच जाना। वहाँ सफेद रूमाल बाँधकर खड़े होना तो उसे अपना रूमाल दिखा देना और इसके पश्चात् जैसा वह आप आपको कहे वैसा ही करना। मैं ठीक चार बजे बताए हुए स्थान पर पहुँचा और दी हुई सूचनानुसार किया। तब स्वयंसेवक ने बताया कि मद्रास होटल में मा. विश्वनाथजी प्रचारक से मिल लें। मैं श्रीमान विश्वनाथजी के साथ जाकर बैठ गया। उन्होंने बताया कि सरकार ने सभी अखबारों पर पाबंदी लगा दी है, रेडियो इत्यादि पर कोई समाचार नहीं आ रहे। सारे देश में कार्यकर्ताओं को गिरफ्तार किया जा रहा है। हमें कार्यकर्ता के नाम को जी लगाकर नहीं बुलाना चाहिए। अच्छा रहेगा कि अपना नाम बदलकर काम करना चाहिए। क्षेत्र के सभी प्रमुख स्वयंसेवकों से संपर्क करें और उन्हें सारी वर्तमान स्थिति से अवगत कराएँ। मिलने-जुलने के कार्यक्रम पुनः प्रारंभ हों, सारी गतिविधियाँ पुनः प्रारंभ की जाएँ। समय-समय पर जो भी सूचना मिले उसे सभी तक पहुँचाएँ। अपने तथा अन्य संगठनों के कार्यकर्ता गिरफ्तार कर लिये गए। धीरे-धीरे सारी गतिविधियों का प्रारंभ किया गया। हर महीने बिना किसी भेदभाव के जेल में बंद कार्यकर्ताओं के परिवार को १५०० रुपए से लेकर २५,०० रुपए तक मासिक सहायता देते थे। संघ परिवार के कार्यकर्ताओं के अतिरिक्त आनंद मार्गी मुसलिम इत्यादि के कार्यकर्ताओं के घरों पर भी सहायता पहुँचाते थे। आपातकाल लगने से उसके समाप्त

होने तक यह सहायता दी जाती थी।

श्री अटल बिहारी वाजपेयीजी, श्री लाल कृष्ण आडवाणीजी आदि नेताओं को बंगलौर में मीसा कानून के अंतर्गत जेल में बंद कर दिया। ये लोग वहाँ संसदीय समिति की बैठक में भाग लेने गए हुए थे। कुछ दिन में श्री अटलजी कमर दर्द से पीड़ित हो गए और वह दर्द असहनीय हो गया, तो डॉक्टरों ने तुरंत ऑपरेशन की सलाह दी और कहा कि इनका ऑपरेशन विदेश में होगा। सरकार को जेल अधिकारियों ने सूचित किया तो भारत सरकार का मन श्री अटलजी का ऑपरेशन साइबोरिया अथवा रूस में कराने का था। जब इस बात की जानकारी अपने अधिकारियों को मिली तो उन्होंने कहा कि इन्हें भारत से बाहर भेजना ठीक नहीं है। इसकी चर्चा भारत के आर्थेपेडिक सर्जनों से चली तो उन्होंने कहा कि इस प्रकार के ऑपरेशन भारत में हो सकते हैं। और इस प्रकार दिल्ली के एम्स के प्रो. पी. चंद्र, जो कि इस प्रकार के ऑपरेशन करते थे उन्होंने अटलजी का ऑपरेशन स्वयं किया। तीन-चार दिन बाद अटलजी एम्स आ गए और उन्हें अस्पताल में भरती कर दिया गया। उनके प्राइवेट रूम के बाहर एबीवी लिखा था। उनका सारा रिकॉर्ड एबीवी के नाम से बनाया गया। ऑपरेशन सफल हो गया।

दूसरे दिन श्रीमती कौल ने भेंट की और अधिकारियों को बता दिया। प्रत्येक दिन कोई-न-कोई अधिकारी मिलने आते तथा आवश्यक परामर्श करते। अधिकारियों की ऐसी इच्छा थी कि आपातकाल समाप्त होने के बाद अस्पताल से छुट्टी मिलनी चाहिए। अधिकारियों ने भारत सरकार के माध्यम से ऐसा करवा लिया। फिर अटल जी को आपातकाल समाप्ति के पश्चात् अस्पताल से छुट्टी कराई गई।

दिल्ली संभाग प्रचारक मा. विश्वनाथजी ने मुझे बुलाया और कहा कि कल दिल्ली के एस.एच.ओ. से बैठक हुई तो आपके हौजकाजी

थाने के एस.एच.ओ. ने बैठक में कहा कि हमने जनसंघ, संघ एवं संघर्ष समिति को इतना नीचा गाड़ दिया कि अब वे सिर नहीं उठा सकते हैं। मा. विश्वनाथ ने पूछा कि ऐसा है क्या? मैंने कहा बिल्कुल नहीं। एस.एच.ओ. ने हौजकाजी थाने के इलाके में सत्याग्रह करने से मना कर दिया, मैंने सायंकाल बैठक में साथियों के सामने सारा विषय रखा और कहा कि सत्याग्रह हौजकाजी चौक पर होगा। सत्याग्रह वहीं हुआ। सत्याग्रहियों को कई यातनाएँ दी गईं। यहाँ तक कि भोजन तक नहीं दिया। इससे हौजकाजी थाने के एस.एच.ओ. की किरकिरी हुई और लेखक को भी गिरफ्तार करने के प्रयत्न किए गए। परंतु वे प्रयत्नों में सफल नहीं हो सके।

वर्ष प्रतिपदा चार दिन बाद आनी थी। मुझे मा. विश्वनाथजी ने कहा कि इस बार परंपरागत रूप से उत्सव नहीं हो पाएगा, परंतु तुमको एक काम देता हूँ, उसे अवश्य करना है। मुझे कुछ भी हो जाए किंतु संघ कार्यालय झंडेवालान के पीछे प.पू. डॉ. जी की मूर्ति लगी हुई है उसे साफ करके चमका देना और डॉ. जी के गले में पुष्प माला डालना, धूप और अगरबत्ती जलाना।, आदरणीय संघचालक को प्रणाम करना, केवल इतना ही काम करना है। इस कार्य के लिए ८ लोगों की टोली बनाई गई। और कहा गया कि सबको सावधानीपूर्वक काम करना है, क्योंकि संघ कार्यालय पर पुलिस का पहरा चौबीस घंटे रहता है। अतः सायं ४ बजे कार्य की योजना बनाने के लिए बैठक की गई, जिसमें तय हुआ कि रात्रि १२ से २ बजे तक पुलिस पहरे पर नहीं होती, उस समय इस कार्य को पूर्ण करना है, एक व्यक्ति पुलिस की निगरानी करेगा तथा दूसरा डॉ. जी की मूर्ति को साफ करके उस पर माला आदि पहनाएगा। यह काम गोपनीय रूप में होगा और पूर्ण होने के पश्चात् सभी झंडेवालान मंदिर में मिलेंगे। दूसरे दिन कार्य पूर्ण हुआ देख पुलिस को आश्चर्य

हुआ। विश्वनाथजी इस खबर को सुनकर बहुत खुश हुए।

आपातकाल में जन संघर्ष समिति ने जो सत्याग्रह प्रारंभ किया था, उसमें दिल्ली के १७७ जत्थों में ४५ स्थानों पर सत्याग्रह किया। कुल ७९३ लोगों ने सत्याग्रह किया, इसमें २४ गाँवों के सत्याग्रह भी शामिल थे। कुल मिलाकर दिल्ली के १०७५ लोग जेल में थे। इसमें ३८ लोग अन्य संगठनों के थे, शेष संघ एवं संघ परिवार के थे।

आज हमारे देश को आवश्यकता है लोहे की मांसपेशियों, इस्पात की तंत्रिकाओं और अति विशाल आत्मविश्वास की, जिसको कोई नकार नहीं सके। जो ब्रह्मांड के मर्म और गूढ़ रहस्यों को भेदने में सक्षम हो तथा जो प्रत्येक विद्या में अपने उद्देश्यों को प्राप्त कर सके। फिर चाहे वह समुद्र तल को छूने का हो अथवा मृत्यु से प्रत्यक्ष आलिंगन करने का।

दिल्ली में राष्ट्रीय स्वयंसेवक संघ कार्य की वर्तमान स्थिति इस प्रकार है। अक्तूबर २०१४ तक एकत्रित आँकड़ों के अनुसार—

कुल विभाग—६

कुल जिले—५१

कुल नगर—१५१

कुल मंडल—३१७

कुल बस्तियाँ —१५०४; शाखायुक्त मंडल ३१३; मिलन युक्त मंडल ९३

कुल शाखाएँ—१७१९; प्रभात शाखाएँ ६८३; प्रौढ़ शाखाएँ ५३१; सायं शाखाएँ ५०५

राष्ट्र निर्माण हेतु समाज जीवन के प्रत्येक क्षेत्र में स्वयंसेवकों द्वारा संचालित गतिविधियाँ चलाई जा रही हैं।

□

कुछ आवश्यक बातें

प्रार्थना

नमस्ते सदा वत्सले मातृभूमे
त्वया हिंदुभूमे सुखं वर्धितोऽहम्।
महामङ्गले पुण्यभूमे त्वदर्थे
पतत्वेष कायो नमस्ते नमस्ते॥ १॥

प्रभो शक्तिमन् हिंदुराष्ट्राङ्गभूता
इमे सादरं त्वां नमामो वयम्
त्वदीयाय कार्याय बद्धा कटीयम्
शुभामाशिषं देहि तत्पूर्तये।
अजय्यां च विश्वस्य देहीश शक्तिम्
सुशीलं जगद् येन नम्रं भवेत्
श्रुतं चैव यत् कण्टकाकीर्णमार्गम्
स्वयं स्वीकृतं नः सुगङ्कारयेत्॥ २॥

समुत्कर्ष निःश्रेयसस्यैकमुग्रम्
परं साधनं नाम वीरव्रतम्

तदन्तः स्फुरत्वक्षया ध्येयनिष्ठा
हृदन्तः प्रजागर्तु तीव्राऽनिशम्।
विजेत्री च नः सन्हता कार्यशक्तिर
विधायास्य धर्मस्य संरक्षणम्
पर वैभवं नेतुमेतत् स्वराष्ट्रम्
समर्था भवत्वाशिषा ते भृशम्॥ ३॥

॥ भारत माता की जय॥

एकात्मता-स्तोत्रम्

ॐ सच्चिदानन्दरूपाय नमोऽस्तु परमात्मने
ज्योतिर्मयस्वरूपाय विश्वमाङ्गल्यमूर्तये॥ १॥

प्रकृतिः पञ्चभूतानि ग्रहा लोका स्वरास्तथा।
दिशः कालश्च सर्वेषां सदा कुर्वन्तु मङ्गलम्॥ २॥

रत्नाकराधौतपदां हिमालयकिरीटिनीम्।
ब्रह्मराजर्षिरत्नाढ्यां वन्दे भारतमातरम्॥ ३॥

महेन्द्रो मलयः सह्यो देवतात्मा हिमालयः।
ध्येयो रैवतको विन्ध्यो गिरिश्चारावलिस्तथा॥ ४॥

गङ्गा सरस्वती सिन्धुब्रह्मपुत्रश्च गण्डकी।
कावेरी यमुना रेवा कृष्णा गोदा महानदी॥ ५॥

अयोध्या मथुरा माया काशी काञ्चि अवंतिका।
वैशाली द्वारिका ध्येया पुरी तक्षशिला गया॥ ६॥

प्रयागः पाटलीपुत्रं विजयानगरं महत्।
इन्द्रप्रस्थं सोमनाथः तथाऽमृतसरः प्रियम्॥ ७॥

चतुर्वेदाः पुराणानि सर्वोपनिषदस्तथा।
रामायणं भारतं च गीता सद्दर्शनानि च॥ ८॥

जैनागमास्त्रिपिटका गुरुग्रंथः सतां गिरः।
एष ज्ञाननिधिः श्रेष्ठः श्रद्धेयो हृदि सर्वदा॥ ९॥

अरुंधत्यनसूया च सावित्री जानकी सती।
द्रौपदी कण्णगी गार्गी मीरा दुर्गावती तथा॥ १०॥

लक्ष्मीरहल्या चेन्नम्मा रुद्रमाम्बा सुविक्रमा।
निवेदिता सारदा च प्रणम्या मातृदेवताः॥ ११॥

श्रीरामो भरतः कृष्णो भीष्मो धर्मस्तथार्जुनः।
मार्कण्डेयो हरिश्चन्द्रः प्रह्लादो नारदो ध्रुवः॥ १२॥

हनुमाञ्जनको व्यासो वसिष्ठश्च शुको बलिः।
दधीचिविश्वकर्माणौ पृथुवाल्मीकिभार्गवाः॥ १३॥

भगीरथश्चैकलव्यो मनुर्धन्वन्तरिस्तथा।
शिबिश्च रन्तिदेवश्च पुराणोद्गीतकीर्तयः॥ १४॥

बुद्धा जिनेन्द्रा गोरक्षः पाणिनिश्च पतञ्जलिः।
शङ्करो मध्वनिम्बार्कौ श्रीरामानुजवल्लभौ॥ १५॥

झूलेलालोऽथ चैतन्यः तिरुवल्लुवरस्तथा।
नायन्मारालवाराश्च कंबश्च बसवेश्वरः॥ १६॥

देवलो रविदासश्च कबीरो गुरुनानकः।
नरसिस्तुलसीदासो दशमेशो दृढ़व्रतः॥ १७॥

श्रीमत् शङ्करदेवश्च बन्धू सायणमाधवौ।
ज्ञानेश्वरस्तुकारामो रामदासः पुरंदरः॥ १८॥

बिरसा सहजानन्दो रामानन्दस्तथा महान्।
वितरन्तु सदैवैते दैवीं सद्गुणसम्पदम्॥ १९॥

भरतर्षिः कालिदासः श्रीभोंजो जकणस्तथा।
सूरदासस्त्यागराजो रसखानश्च सत्कविः॥ २०॥

रविवर्मा भातखण्डे भाग्यचन्द्रः स भूपतिः।
कलावंतश्च विख्याताः स्मरणीय निरन्तरम्॥ २१॥

अगस्त्यः कम्बुकौंडिंयौ राजेन्द्रश्चोलवंशजः।
अशोकः पुष्यमित्रश्च खारवेलः सुनीतिमान्॥ २२॥

चाणक्यचन्द्रगुप्तौ च विक्रमः शालिवाहनः।
समुद्रगुप्तः श्रीहर्षः शैलेन्द्रो बप्परावलः॥ २३॥

लाचिद् भास्करवर्मा च यशोधर्मा च हूणजित्।
श्रीकृष्णदेवरायश्च ललितादित्य उद्बलः॥ २४॥

मुसुनूरिनायकौ तौ प्रतापः शिवभूपतिः।
रणजितसिंह इत्येते वीरा विख्यातविक्रमाः॥ २५॥

वैज्ञानिकाश्च कपिलः कणादः सुश्रुतस्तथा।
चरको भास्कराचार्यो वराहमिहिरः सुधीः॥ २६॥

नागार्जुनो भरद्वाज आर्यभट्टो बसुबुन्धः।
ध्येयो वेङ्कटरामश्च विज्ञा रामानुजादयः॥ २७॥

रामकृष्णो दयानन्दो रवीन्द्रो राममोहनः।
रामतीर्थोऽरविन्दश्च विवेकानन्द उद्यशाः॥ २८॥

दादाभाई गोपबन्धुः तिलको गान्धिरादृताः।
रमणो मालवीयश्च श्रीसुब्रह्मंयभारती॥ २९॥

सुभाषः प्रणवानन्दः क्रान्तिवीरो विनायकः।
ठक्करो भीमरावश्च फुले नारायणो गुरुः॥ ३०॥

संघशक्तिप्रणेतारौ केशवो माधवस्तथा।
स्मरणीयाः सदैवैते नवचैतन्यदायकाः॥ ३१॥

अनुक्ता ये भक्ताः प्रभुचरणसंसक्तहृदयाः,
अनिर्दिष्टा वीरा अधिसमरमुद्ध्वस्तरिपवः।
समाजोद्धर्तारः सुहितकरविज्ञाननिपुणाः,
नमस्तेभ्यो भूयात् सकलसुजनेभ्यः प्रतिदिनम्॥ ३२॥

इदमेकात्मातास्तोत्रं श्रद्धया यः सदा पठेत्।
स राष्ट्रधर्मनिष्ठावान् अखण्डं भारतं स्मरेत्॥ ३३॥
॥ भारत माता की जय॥

एकात्मता-मंत्र

यं वैदिका मन्त्रदृशः पुराणा,
इन्द्र यमं मातरिश्वानमाहुः।
वेदान्तिनोऽनिर्वचनीयमेकं,
यं ब्रह्मशब्देन विनिर्दिशन्ति॥ १॥

शैवा यमीशं शिव इत्यवोचन्
यं वैष्णवा विष्णुरिति स्तुवन्ति।
बुद्धस्तथाऽर्हन्निति बौद्धजैनाः
सत् श्री अकालेति च सिक्खसन्तः॥ २॥

शास्तेति केचित् प्रकृतिः कुमारः,
स्वामीति मातेति पितेति भक्तया।
यं प्रार्थयन्ते जगदीशितारं,
स एक एव प्रभुरद्वितीयः॥ ३॥

प्रातः स्मरणम्

कराग्रे वसते लक्ष्मीः करमध्ये सरस्वती।
करमूले तु गोविन्दः प्रभाते करदर्शनम्॥ १॥

समुद्रवसने देवि! पर्वतरतनमण्डले।
विष्णुपत्नि! नमस्तुभ्यं पादस्पर्शं क्षमस्व में॥ २॥

ब्रह्मा मुरारिस्त्रिपुरान्तकारी
भानु शशी भुमिसुतो बुधश्च।
गुरुश्च शुक्रः शनि-राहु-केतवः
कुर्वन्तु सर्वे मम सुप्रभातम्॥ ३॥

सनत्कुमारः सनकः सनन्दनः
सनातनोऽप्यासुरिपिङ्गलौ च।
सप्त स्वराः सप्त रसातलानि
कुर्वन्तु सर्वे मम सुप्रभातम्॥ ४॥

सप्तार्णवाः सप्त कुलाचलाश्च
सप्तर्षयो द्वीपवनानि सप्त।
कुर्वन्तु सर्वे मम सुप्रभातम्॥ ५॥

पृथ्वी सगन्धा सरसास्तथापः
स्पर्शी च वायुर्ज्वलनं च तेजः।
नभः सशब्दं महता सहैव
कुर्वन्तु सर्वे मम सुप्रभातम्॥ ६॥

भोजन-पूर्व उच्चारणीय मंत्र

यन्तु नदयो वर्षन्तु पर्जन्याः।
सुपिप्पला ओषधयो भवन्तु।
अन्नवतामोदनवतामामिक्षवताम्।
एषां राजा भूयासम्।
ओदनमुद्बुवते परमेष्ठी वा एषः यदोदनः।

परमामेवैनं श्रियं गमयति॥ (कृष्ण यजुर्वेद)

मा भ्राता भ्रातरं द्विक्षन् मा स्वसारमुतस्वसा।
सम्यञ्च सव्रता भूत्वा वाचं वदत भद्रया॥ (अथर्ववेद)

ब्रह्मार्पणं ब्रह्महविरब्रह्माग्नौ ब्रह्मणा हुतम्।
ब्रह्मैव तेन गन्तव्यं ब्रह्मकर्मसमाधिना॥ (गीता)

ॐ सह नाववतु। सह नौ भवक्तु।
सह वीर्यं कंरवावहै।
तेजस्विनावधीतमस्तु। मा विद्विषाव है॥ (यजु. उपनिषद)
ॐ शान्तिः शान्तिः शान्तिः।

अर्थ : नदियाँ गतिमान हों (जल से परिपूर्ण होकर प्रवाहित हों), मेघ बरसें। औषधियाँ फलवती हों। तिनके से लेकर सोमवल्ली तक सभी पेड़ लताएँ पुष्पित-पल्लवित तथा फलित हों। इन धान्योंवाले, चावल तथा छेना (दूध, दही, मक्खन, घी आदि द्रव्य पदार्थ) वाले लोगों का मैं (रञ्जन करनेवाला) राजा बनूँ। थाली में परोसा हुआ पका चावल (भात) स्वयं श्रेष्ठतम अन्नरूपी ब्रह्मा है, यह सेवन करनेवाला उच्चतम ऐश्वर्यरूपी लक्ष्मी को प्राप्त करता है।

भाई, भाई से द्वेष न करे, बहन, बहन से द्वेष न रखे। सभी सम्यक् भाव से (एकता का) व्रत लेकर परस्पर कल्याण करने वाली वाणी बोलें।

यज्ञ में आहुति देने का साधन (स्रुचि, स्रुवा, हाथ की मृगि, हंस, व्याघ्र आदि मुद्राएँ) अर्पण ब्रह्म है। ब्रह्मरूपी अग्नि में ब्रह्मरूप होमकर्ता द्वारा जो अर्पित किया जाता है, वह भी ब्रह्म ही है। इस ब्रह्मकर्म से ब्रह्म की ही प्राप्ति होती है।

हम दोनों (गुरु और शिष्य) परस्पर मिलकर सुरक्षा करें। हम

मिलकर खाएँ (देश में कोई भूखा न रहे।) हम साथ मिलकर शौर्य करें। (राष्ट्र में परचक्र आने पर युद्ध करें।) हम देश के संगठनरूपी तपश्चर्या से उज्वलित एवं प्रदीप्त हों। हम पठित एवं अध्ययनशील हों। परस्पर द्वेष न करें।

शांति हो! शांति हो!! शांति हो!!!

□

प्रतिबंध-पर्व

सन् १९४८-४९ में संघ को भीषण अग्निपरीक्षा से गुजरना पड़ा। सरकार ने प्रतिबंध लगाकर संघ को जबरन समाप्त करने का कुत्सित प्रयत्न किया। इतना ही नहीं, इसके लिए तरह-तरह के राजनीतिक दाँव-पेंच खेले। दमन के सारे तौर-तरीके अपनाए। ऐसे कठिन समय में स्वयंसेवकों को साहस व धैर्य बँधाने, प्रतिबंध हटाने के लिए यथासंभव सभी प्रयत्न करने का भार जेल में रहते हुए भी जिस स्थितप्रज्ञता व स्वाभिमान के साथ श्री गुरुजी ने किया, उसकी कल्पना उस समय सरकार से हुए पत्र-व्यवहार से की जा सकती है। वही पत्र-व्यवहार यहाँ प्रस्तुत है—

तार संदेश

३० जनवरी को महात्मा गांधी के निधन के संदर्भ में श्री गुरुजी ने पं. नेहरू, सरदार पटेल तथा श्री देवदास गांधी को सांत्वनापरक संदेश तार से भेजे। (मूल अंग्रेजी)

३० जनवरी, १९४८

प्राणघातक क्रूर हमले के फलस्वरूप एक महान् विभूति की दु:खद हत्या का समाचार सुनकर मुझे बड़ा आघात लगा। वर्तमान कठिन परिस्थिति में इससे देश की अपरिमित हानि हुई है। अतुलनीय संगठन के तिरोधान से जो रिक्तता पैदा हुई है, उसे पूर्ण करने और जो

गुरुतर भार कंधों पर आ पड़ा है, पूर्ण करने का सामर्थ्य भगवान हमें प्रदान करे।

मा.स. गोलवलकर

श्री गुरुजी ने भारत की सभी संघ-शाखाओं को महात्माजी की स्मृति में शाखा के दैनिक कार्यक्रम बंद रखकर तेरह दिन शोक मनाने का आदेश ३० जनवरी को अंग्रेजी में भेजे अपने इस तार द्वारा दिया था।

३० जनवरी, १९४८

'आदरणीय महात्माजी की दु:खद मृत्यु के निमित्त शोक प्रकट करने के लिए तेरह दिनों तक शोक-पालन किया जाए तथा दैनिक कार्यक्रम स्थगित रखे जाएँ।'

माधव सदाशिव गोलवलकर

श्री गुरुजी ने पं. नेहरू तथा सरदार पटेल को ३१ जनवरी को निम्नलिखित पत्र लिखकर अपने अंत:करण का दु:ख प्रकट किया—

नागपुर, ३१ जनवरी, १९४८

मान्यवर पंडितजी,

कल चेन्नै में वह भयंकर वार्त्ता सुनी कि किसी अविचारी भ्रष्ट-हृदय व्यक्ति ने पूज्य महात्माजी पर गोली चलाकर उस महापुरुष के आकस्मिक असामयिक निधन का निर्घृण कृत्य किया। यह निंद्य कृत्य संसार के सम्मुख अपने समाज पर कलंक लगानेवाला हुआ है। यदि किसी शत्रु राष्ट्र के व्यक्ति द्वारा यह कृष्ण-कृत्य होता, तो भी असमर्थनीय होता, क्योंकि पूज्य महात्माजी का जीवन किसी समुदाय विशेष की सीमा के ऊपर उठकर मानव समाज के हितार्थ समर्पित था। फिर इसी देश के निवासी से यह अनपेक्षित दुराचार हुआ देख प्रत्येक राष्ट्रीय का हृदय असहनीय वेदनाओं से व्यथित हो उठे, तो कोई आश्चर्य नहीं। जब

से मैंने यह समाचार पाया, अंतःकरण शून्य सा हो रहा है। निकट भविष्य की भीषणता देख इस श्रेष्ठ संयोजक के तिरोधान से हृदय चिंता से भर गया है। विविध प्रवृत्तियों को एक सूत्र में पिरोकर उन्हें सन्मार्गगामी बनानेवाले कुशल कर्णधार पर यह आघात एक व्यक्ति से नहीं, किंतु संपूर्ण देश से द्रोहपूर्ण प्रतीत होता है। इस विद्रोही व्यक्ति के विषय में उचित व्यवहार आप आज के राज्य के सूत्रचालक करेंगे ही। यह व्यवहार कितना भी कठोर हो, तो भी घटित हानि की तुलना में वह सौम्य ही दिखेगा। इस बारे में कुछ कहना मेरा विषय नहीं है।

परंतु अब अपनी सबकी परीक्षा है। युक्त भाव, रुचिर वाणी और राष्ट्रहितैक दृष्टि रखकर सब प्रवृत्तियों को एकत्रित कर इस कठिन समय में से राष्ट्र-नौका सुरक्षित आगे बढ़ाने की जिम्मेदारी हम सब लोगों पर है। इसी वृत्ति से चलानेवाले संगठन की ओर से भीषण आपत्ति के काल में मैं राष्ट्र के दुःख का अनुभव तीव्रता से करते हुए, उस दिवंगत पुण्यात्मा का स्मरण कर परमपिता परमेश्वर से प्रार्थना करता हूँ कि वह हमें सच्ची चिरंजीवी एकात्मता निर्माण करने की प्रेरणा तथा बुद्धि दे।

मातृभूमि की सेवा में सहयोगी।

मा.स. गोलवकर

नागपुर, ३१ जनवरी, १९४८

मान्यवर सरदारजी,

कल चेन्नै में था, तब अखिल मानव समाज को हिलानेवाली दुर्घटना सुनी। इतनी दुष्ट, निंदनीय घटना संभवतः कभी नहीं हुई होगी। हृदय अतीव पीड़ा से व्यथित हो उठा है।

जिसने यह दुष्कृत्य किया, उसकी भर्त्सना के लिए योग्य शब्द मिलना कठिन है। इतनी अकारण दुष्टता की कल्पना भी नहीं हो सकती।

पूर्ण जगत् को दुःख से निःशब्द करने वाले को क्या कहें?

परंतु विविध प्रवृत्तियों को अपने सूत्र में पिरोकर एक मार्ग पर चलानेवाले उस पुण्यात्मा का स्मरण करते हुए हम सभी उस महान् कर्णधार के असामयिक स्वर्गवास से उत्पन्न जिम्मेदारी को सँभालें और इस भीषण संकटकाल में सुचारु भावना, संयमित वाणी, स्नेहपूर्ण व्यवहार से शक्ति संपन्न हो उठें तथा स्थायी एकता से राष्ट्र जीवन भर दें।

उस महापुरुष का यही सच्चा पुण्यस्मरण होगा। इस श्रद्धा से एकता के पथ पर चलनेवाले संगठन की ओर से मैं परमकृपालु परमात्मा से प्रार्थना करता हूँ कि वह इस राष्ट्र के सब व्यक्तियों का पथ-प्रदर्शन कर विशुद्ध राष्ट्रभक्ति निर्माण की सबको प्रेरणा दे।

मातृसेवा में सहयोगी

मा.स. गोलवलकर

१ फरवरी को महात्माजी की दुर्भाग्यपूर्ण हत्या के संबंध में श्री गुरुजी ने प्रकाशित करने हेतु एसोसिएटेड प्रेस को एक वक्तव्य दिया। अत्यंत सात्विक विचार तथा भावना व्यक्त करनेवाले श्री गुरुजी के इस वक्तव्य को अनेक समाचार-पत्रों ने दूषित पूर्वग्रह के कारण उचित ढंग से प्रकाशित नहीं किया या अधूरा प्रकाशित किया।

पूरा वक्तव्य इस प्रकार था—

नागपुर, १ फरवरी, १९४८

वर्तमान युग के परम आदरणीय तथा लोकप्रिय विभूति की हत्या पराकोटि का पाशविक कृत्य है। ऐसे समय सार्वजनिक भाषण तथा वक्तव्य न देने की हमारी परंपरा से हटकर, यह समाचार सुनते ही मेरे मन में जो घृणातिरेक तथा दुःख का उद्रेक हुआ, उसे प्रकट करना मैं अपना कर्तव्य समझता हूँ। यह एक अतुलनीय भीषण त्रासदी है, क्योंकि इसका खलनायक इस देश का नागरिक तो है ही, वह हिंदू भी है। देश

के प्रत्येक सद्प्रवत्त नागरिक को महात्माजी की मृत्यु से अवर्णनीय दुःख तो होगा ही, इससे भी बढ़कर यह देखकर लज्जा का भी अनुभव होगा कि विकृत मनोवृत्ति का हत्यारा अपने ही देश का नागरिक है।

आज अपने देश की परिस्थिति अत्यंत विकट है। इस समय उस एकता-निर्माता तथा शांति-प्रस्थापक महात्मा की नितांत आवश्यकता थी। ऐसे महापुरुष की हत्या कर डालना एक अक्षम्य राष्ट्रविरोधी कार्य है। देश की इस हानि से हमें दुःख होता है, हमारा हृदय क्षुब्ध होता है और भविष्य के बारे में चिंता हेाती है। मुझे आशा है कि इस प्रकार की भीषण दुःखपूर्ण परिस्थिति में लोग कुछ पाठ सीखेंगे तथा प्रेम और सेवा का मार्ग अपनाएँगे। प्रेम और सेवा के सिद्धांतों पर श्रद्धा होने से ही मैं अपने सभी स्वयंसेवक बंधुओं को सबसे प्रेम से बर्ताव करने का आदेश देता हूँ। गैरसमझदारी से कोई सीखकर उत्तेजना से बोले या कोई अनावश्यक उन्माद दिखाए तो भी वह सब विश्व में अपने देश का गौरव बढ़ानेवाले महात्मा के प्रति देशवासियों के मन में प्रेम और आदर रहने से हो रहा है। इसे सभी स्वयंसेवक बंधु ध्यान रखें। उस पूजनीय दिवंगत आत्मा को हमारे कोटि-कोटि प्रणाम।

मा.स. गोलवलकर

□

प्रतिज्ञा[1]

अपने कार्य में कुछ विशेष भाव एक निश्चय के रूप में व्यक्त करके चलाने की प्रथा बनी हुई है। जीवन में संकल्प एक ही होता है। इसलिए यावज्जीव आमरणांत उस निश्चय का परिपालन करने की अपनी इच्छा व्यक्त करके हम अपने कार्य में आते हैं। प्रत्येक संस्था वह किसी भी ढंग से काम करनेवाली क्यों न हो—अपनी सदस्यता कभी वार्षिक, कभी कम-अधिक अवधि के लिए और लगभग निरपवाद रूप से सशुल्क रखती है। इसके कारण हो सकता है कि दो प्रकार से लाभ होते होंगे। एक तो शुल्क के रूप में थोड़ा-बहुत धन-संचय होता होगा और दूसरा प्रतिवर्ष अपने सदस्यों को स्मरण दिलाने का लाभ भी संभवत: होता होगा। ये दोनों लाभ ध्यान में लेकर भी अपने कार्य में उस पद्धति को स्वीकार नहीं किया गया।

हमारा संकल्प

प्रारंभ में ऐसे कुछ प्रयोग अपने कार्य में हो चुके थे। परंतु उन प्रयोगों को बाद में छोड़ दिया गया। और फिर स्वयंसेवक दिन-प्रतिदिन की शाखा में आएँ, अपने भिन्न-भिन्न प्रकार के शारीरिक, बौद्धिक आदि कार्यक्रम करें और उनके द्वारा अपने हृदय में संघ-भाव दृढ़ करते

---

१. इंदौर, वर्ग-९ मार्च, १९६०

हुए चलें, यही विचार स्थिर हुआ। जब स्वयंसेवक में यह विश्वास हो जाए कि अपनी भाव-भावना, विचार तथा आचरण, संघ की पवित्र प्रणाली के अनुकूल बनाने में उसने सफलता पाई है तथा आगे चलकर वह उससे पूर्णतया एकरूप हो जाएगा तब "मैं संघ का एक स्वयंसेवक हूँ, यानी संघ का एक घटकावयव हूँ" ऐसा भाव वह समग्र स्मृतियाँ जगाकर प्रकट रूप से व्यक्त करता है। इसी को 'प्रतिज्ञा' कहा गया है।

आपको मालूम है कि अपनी प्रतिज्ञा में कुछ विशेष बातें हैं। अपने राष्ट्र के स्वतंत्र, सार्वभौम, सत्ता-संपन्न जीवन का तथा उस जीवन के सब प्रकार के विकास का विचार यहाँ मिलता है। यहाँ कहा है कि केवल बाह्य स्वरूप के विकास को सोचना और समझना, यहाँ तक ही राष्ट्र के विकास का विचार सीमित नहीं, तो धर्म और संस्कृति के संबंध में कुछ जानकारी तथा अंतःकरण की भावना का ज्ञान प्राप्त करके समाज-बंधुओं का जीवन पुनीत परंपरा के अनुसार विकसित करने का प्रयास हो व साथ ही यह जो अपना समाज है वह समाज कहलाने के लिए पात्र हो, सबके अंतःकरण में समाज का एकरस शुद्ध जीवन है इसकी स्मृति रहते हुए तदनुसार व्यवहार, भावना, इच्छा, गुणसंपदा रहे, इसको अपने राष्ट्र के अभ्युत्थान के लिए 'सर्वप्रथम आवश्यकता' (Condition precedent) माना है।

मुझे स्मरण है कि कार्यकर्ता ने एक बार प्रतिज्ञा का शब्द-प्रयोग बताते हुए कहा था कि 'हिंदू धर्म, हिंदू संस्कृति आणि हिंदू समाज यांचे संरक्षण करण्यासाठी आणि हिंदूराष्ट्र स्वतंत्र करण्यासाठी…'[१] तो डॉक्टरजी बोले कि 'यह गलत है, गलती कहाँ है यह खोजो।' वह खोज नहीं पाया। उसी समय मैं संयोगवश वहाँ पहुँच गया। उन्होंने मुझे कहा, "इस समस्या का उत्तर दो।" मुझे प्रतिज्ञा के शब्द-प्रयोग का स्मरण

१. हिंदू धर्म, हिंदू संस्कृति और हिंदू समाज का संरक्षण करने के लिए तथा हिंदू राष्ट्र को स्वतंत्र करने के लिए…

था। मैंने कहा, ''हिंदू धर्म, हिंदू संस्कृति आणि हिंदू समाज यांचे संरक्षण करुन हिंदूराष्ट्र स्वतंत्र करण्यासाठी...''[१] ऐसा चाहिए। धर्म, संस्कृति और समाज, इनका संरक्षण यह कोई अलग ध्येय नहीं। एक सर्वप्रथम उपास्य के नाते हम इनको अपने सामने रखते हैं और इन्हीं को आधारभूत मानकर राष्ट्र की स्वतंत्रता का विचार करते हैं। यह बात ध्यान में रखकर चलना चाहिए।

आध्यात्मिक अधिष्ठान

कार्य के संबंध में विचार करते समय अनेक बार जो तात्कालिक समस्याएँ सामने आती हैं, उन्हीं में अपना सद्‌विचार और सामर्थ्य न लगाते हुए 'कंडीशन प्रिसिडेंट' जो रखा है उसके लिए पर्याप्त मात्रा में ध्यान रहना चाहिए। महाभारत हमारा एक बड़ा मार्गदर्शक ग्रंथ है, उसमें भारतीय युद्ध का वर्णन किया गया है। लेकिन उसके पहले गीता के रूप में तत्त्व-ज्ञान बताया गया है। भगवान व्यास, जो कि साहित्य-क्षेत्र में एक सिद्धहस्त जादूगर थे, उन्होंने केवल संयोग से इस प्रकार की रचना की होगी, ऐसा लगता नहीं। ऐहिक जीवन के उत्कर्ष के लिए सर्वप्रथम करने की बात इस नाते ही उन्होंने, सोच-समझकर ही, अपने विशाल ग्रंथ-भंडार में अध्यात्म विचार को प्रथम स्थान दिया है। इसे आँखों से ओझल करके जो भी प्राप्त होगा, वह राष्ट्र-जीवन के वैशिष्ट्य को नष्ट कर देगा। उस जीवन का हमारे लिए कुछ उपयोग न रहेगा। मैं ऐसा मानता हूँ कि प्रतिज्ञा के रूप में जो शब्द-प्रयोग है, वह असाधारण मन:स्थिति में असाधारण प्रतिभासंपन्न मनुष्य के मुँह से निकला है। इसीलिए उसमें पावित्र्य भी है और बल भी है। उसका उच्चारण करनेवाला, वर्षानुवर्ष का भूला-भटका होने पर भी उसका स्मरण कर, एक पावित्र्य

१. हिंदू धर्म, हिंदू संस्कृति और हिंदू समाज का संरक्षण करते हुए हिंदू राष्ट्र को स्वतंत्र करने के लिए

और सामर्थ्य का हृदय में अनुभव करता है। इसमें वही प्रतिभा है जो महर्षि व्यास के महाभारत की रचना में दीखती है। परंतु आज के जीवन को देखकर सामान्य मनुष्य की समझ में आ सके, इस प्रकार वह व्यक्त हुई है। शाखाओं के कार्य में प्रतिज्ञा का यह भाव निर्माण होता रहे, इसलिए दत्तचित्त होकर प्रयत्न करेंगे तो चिरस्थायी राष्ट्र के निर्माण का संकल्प पूर्ण हो सकेगा।

तन-मन-धन-जीवन से

प्रतिज्ञा में दूसरा विचार यह भी है कि यावज्जीव कार्य किस प्रकार करेंगे। तन, मन, धन पूर्वक ऐसा उल्लेख वहाँ है। काया, वाचा, मनसा—मनोवाक्काय—यह जो प्राचीन मनीषियों ने कहा है उसके साथ धन, क्योंकि वह एक ऐहिक शक्ति है, को भी जोड़ा गया है। यह विचार स्वयंसेवकों को ठीक प्रकार से समझना लाभदायक होगा। यदि कोई कहे कि केवल शरीर से काम करूँगा या दूसरा कोई कहे कि मैं संघ के बारे में केवल चिंतन करूँगा, नित्य संघ का जप करूँगा, मुझे शाखा में आने की आवश्यकता नहीं, तो वह ठीक होगा क्या? अन्य बहुत लोग ऐसे भी मिलते हैं जो कहते हैं कि प्रतिवर्ष हमारे पास से पैसा ले जाओ, हर रोज शाखा में आने के लिए हमारे पीछे मत पड़ो। ऐसा कहने वाले पहले बहुत मिलते थे और आज भी मिलते हैं।

अपने डॉक्टरजी के ही जीवन का एक प्रसंग है। पंडित मदनमोहन मालवीय, जो कि 'शाही भिखारी' (Royal begger) करके प्रसिद्ध थे, उन्होंने डॉक्टरजी से मुलाकात होने पर कहा कि आपको जितना रुपया चाहिए उतना मैं लाकर दे सकता हूँ। डॉक्टरजी ने उत्तर दिया, "हमें रुपया-पैसा कुछ नहीं चाहिए। हमें तो आपका आशीर्वाद चाहिए।" यह बातचीत बहुतों को मालूम ही है। हम पैसों का क्या करेंगे। हमें आदमी चाहिए, उसका सद्‌भाव चाहिए। बाकी सब अपने आप आएगा।" यही

उत्तर डॉक्टरजी ने प्रसंग आने पर बड़ों-बड़ों को दिया। कभी-कभी स्वयंसेवकों के मन में आता है कि वे संघ को कुछ दान करें। परंतु दान करनेवाला वह कौन? एक बार स्वयंसेवक हो जाने के बाद वह स्वयं संघ का बन जाता है। फिर दान करने के लिए उसके पास अलग बचता ही क्या है? हम ऐसा बोलते हैं कि पैसा देकर स्वयंसेवक का अपने कर्तव्य से छुटकारा नहीं हो सकता। कारण 'तन से या मन से या धन से' ऐसा हमने प्रतिज्ञा में नहीं कहा है। तन-मन-धन का समुच्चय रूप से उल्लेख किया है। अपनी सब ऐहिक सुख-संपदा बिना किसी झिझक संघ के कार्य में लगा दूँगा, यह भावना इस शब्द-समुच्चय से व्यक्त होती है।

नित्य कर्म अनिवार्य

अपने समाज में अनेक गुणवान लोग हैं। और वे अपनी दृष्टि से विचार करके सोचते हैं कि हमसे जितना बनता है उतना करेंगे। पैसा देंगे, धन देंगे, संघ के बारे में अच्छा बोलेंगे, भाषण करेंगे, परिश्रम करेंगे, कुछ अभियान हो तो दौड़-धूप करेंगे, इस प्रकार से अपनी सिद्धता वे बताते हैं। एक कार्यकर्ता का उदाहरण याद आता है। सन् १९४२ के अस्थिरकाल में जब संघ पर आपत्ति आने की संभावना थी, तब इस कार्यकर्ता ने बड़ी दौड़-धूप की, परंतु बाद में जब वायुमंडल स्थिर हो गया तो उसकी दौड़-धूप भी शांत हो गई। अब वे निष्क्रिय बैठे हुए हैं। न परिवार सँभालते हैं, न संघ का काम करते हैं। कुछ लोग कहते हैं कि संघ के लिए शारीरिक श्रम करने के लिए हमसे कहिए, हम संघ-स्थान भी झाड़ने के लिए तैयार हैं। वैसे तो प्रारंभ में, आवश्यकता के अनुसार डॉक्टरजी ने भी संघ-स्थान स्वच्छ करने का काम अपने हाथों से किया। सभी कर सकते हैं। परंतु स्वतः को कृतकृत्य मानने लायक यह काम है क्या? प्रतिदिन शाखा में जाना यह तो अपने यहाँ एक 'न्यूनतम स्तर' के

रूप में रखा है। 'न्यूनतम स्तर' न छोड़ते हुए अपने यथार्थ गुणों का उपयोग संघ के लिए करना है।

शास्त्र में दो प्रकार के कार्य बताए गए हैं—एक नित्य कर्म और दूसरा नैमित्तिक कर्म। यदि कोई कहे कि मैं नैमित्तिक कर्म, जैसे—यज्ञयाग, सत्यनारायण पूजा आदि कर सकता हूँ और नित्य कर्म करने की आवश्यकता नहीं तो यह धारणा हानिकारक होगी। नैमित्तिक कर्म यद्यपि किए तो भी नित्य उपासना करनी ही पड़ती है। उसके उपरांत नैमित्तिक कर्म हो सकते हैं। नित्य उपासना को छोड़कर किए हुए नैमित्तिक कर्म केवल निरुपयोगी ही नहीं तो हानिकारक भी सिद्ध हो सकते हैं। कभी मेरे पास कोई आकर संघ के लिए ग्रंथ लिखने की इच्छा व्यक्त करता है। मैं उसको पूछता हूँ, "शाखा में जाते हो क्या? यदि जाते नहीं तो तुम्हारा ग्रंथ लिखना निरुपयोगी है।" मेरे ऐसा कहने से लोग नाराज हो जाते हैं। लेकिन वास्तव में 'न्यूनतम' नित्य कर्म को छोड़कर बाकी गुणों का ठीक उपयोग नहीं हो सकता है। वक्तृत्व, लेखन कला, अर्थशास्त्र का अभ्यास आदि सब गुणों का उपयोग अवश्य है। लेकिन 'न्यूनतम' तो होना ही चाहिए। कुछ लोग कहते हैं 'न्यूनतम' से हमें मुक्त कर दो, फिर देखो हम कैसा पराक्रम करते हैं। ऐसा भी पूछनेवाले लोग मिलते हैं कि गुणवान व्यक्तियों से अपने 'न्यूनतम' का आग्रह करें या न करें। मेरे खयाल से अवश्य करना चाहिए। इस न्यूनतम में तन-मन-धन लगता है; शरीर से शाखा में जाना, मन में कार्य का चिंतन करना और उसके विस्तार-प्रसार के लिए अंत:करण से और समर्पण बुद्धि से धन का व्यय करना। इसके बाद भिन्न-भिन्न गुणवान लोग अपने गुणों का उपयोग समाज की भलाई के लिए कर सकते हैं। समग्र पवित्र भावनाओं का आह्वान करके जिस समय हमने संकल्प प्रकट किया, उस समय से हमने स्वेच्छा से एक पवित्र बंधन में अपने को बाँध लिया। कार्य का जो न्यूनतम, निरतिशय आवश्यकता स्वरूप है उसका परिपूर्ण पालन करूँगा,

उसका विस्तार करूँगा, एवं समाज संगठित करने के लिए उसे दृढ़ आधार पर भिन्न-भिन्न क्षेत्रों में अपने भिन्न-भिन्न गुणों का उपयोग करूँगा, यह विचार हरेक स्वयंसेवक के मन में दृढ़ करना और उसको प्रोत्साहित करना आवश्यक है।

हमारे चारों ओर उत्पन्न होनेवाली सामयिक परिस्थिति के विचार से या चिंता से इस नित्यकर्म की ओर थोड़ा दुर्लक्ष हो सकता है। परंतु इस प्रकार दुर्लक्ष करने के लिए शास्त्र ने सम्मति नहीं दी है। शास्त्र ने कहा है कि नैमित्तिक त्यागने को प्रत्यवाय नहीं, परंतु नित्य को कभी त्यागना नहीं चाहिए। अपने समाज ने आत्मविस्मरण का, परस्पर-विच्छेद का, भाइयों के ही विनाश का जो महापाप किया है उसका क्षालन इस नित्यकर्म से ही होगा। समय-समय पर परिस्थिति के अनुसार बाकी के जो काम्य कर्म हम करेंगे उनके द्वारा पाप-क्षालन नहीं होगा, वह सुसंगठित जीवन उत्पन्न नहीं होगा। इस बात की उपेक्षा यदि हम करेंगे तो गत हजार वर्षों से जो समस्या हमारे सामने खड़ी है, वह वैसी ही रख छोड़ने का पाप हम कर बैठेंगे। यह काम अधूरा ही छोड़ दें, संगठन की परंपरा उत्पन्न न करें, समाज जाग्रत् न करें, सामयिक झंझावात में सूखे पत्तों की भाँति उड़ जाएँ, यह सारा अपने हाथों नहीं होना चाहिए, ऐसी इच्छा है तो नित्यकर्म के अडिग संस्कार दृढ़ करना और उनके विस्तार के लिए परिपूर्ण शक्ति लगाना अतीव आवश्यक है। शाखाएँ कितनी हैं, उपस्थिति कितनी रहती है, अनुशासन कैसा है आदि प्रश्न इसलिए पूछता हूँ कि नित्य की उपासना ठीक प्रकार से चलती है या नहीं, इसका पता चले। यदि ठीक चलती है तो अपना सामाजिक और राष्ट्रीय जीवन श्रेष्ठ, पवित्र और शक्ति-संपन्न अवश्य ही होगा।

तात्कालिक प्रश्नों से मन की उथल-पुथल न होने दें

नित्यकर्म में सदैव संलग्न रहने के विचार की आवश्यकता का

और भी एक कारण है। समय-समय पर देश में उत्पन्न परिस्थिति के कारण मन में कुछ उथल-पुथल होती ही रहती है। सन् १९४२ में ऐसी उथल-पुथल हुई थी। उसके पहले सन् १९३०-३१ में भी आंदोलन हुआ था। उस समय कई लोग डॉक्टरजी के पास गए थे। इस 'शिष्टमंडल' ने डॉक्टरजी से अनुरोध किया कि इस आंदोलन से स्वातंत्र्य मिल जाएगा और संघ को पीछे नहीं रहना चाहिए। उस समय एक सज्जन ने जब डॉक्टरजी से कहा कि वे जेल जाने के लिए तैयार हैं, तो डॉक्टरजी ने कहा, "जरूर जाओ। लेकिन पीछे आपके परिवार को कौन चलाएगा?" उन सज्जन ने बताया, "दो साल तक केवल परिवार चलाने के लिए ही नहीं तो आवश्यकतानुसार जुर्माना भरने की भी पर्याप्त व्यवस्था उन्होंने कर रखी है।" डॉक्टरजी ने उनसे कहा, "आपने पूरी व्यवस्था कर रखी है तो अब दो साल के लिए संघ का ही कार्य करने के लिए निकलें।" घर जाने के बाद वे सज्जन न जेल गए, न संघ का कार्य करने के लिए बाहर निकले।

सन् १९४२ में भी अनेक व्यक्तियों के मन में तीव्र आंदोलन था। उस समय भी संघ का नित्य कार्य चलता रहा। प्रत्यक्ष रूप से संघ ने कुछ न करने का संकल्प किया। परंतु संघ के स्वयंसेवकों के मन में उथल-पुथल चल ही रही थी। संघ यह अकर्मण्य लोगों की संस्था है, इनकी बातों में कुछ अर्थ नहीं, ऐसा केवल बाहर के लोगों ने ही नहीं, कई अपने स्वयंसेवकों ने भी कहा। वे बड़े रुष्ट भी हुए।

इसके बाद देश भर में फिर से एक अस्थिर सी परिस्थिति लोग अनुभव करने लगे। मुसलमानों ने मारपीट और दंगा-फसाद शुरू कर दिया था। विभाजन के पूर्व की कृष्णछाया फैलने लगी थी। उस संकट का दृढ़ता से मुकाबला करने का विचार अपने लोगों के मन में आया और फिर कार्य विस्तार में वे जुट गए। परंतु काफी विलंब हो चुका था। जब नाक में पानी घुसने लगता है तब तैरना सीखने का विचार मन में

आने से क्या लाभ? पता नहीं, अपने समाज को क्या हो गया है? पता नहीं, प्यास लगने पर कुआँ खोदने का विचार करने की खराब आदत अपने समाज को कैसे लगी। उस समय भी लोग बोलने लगे कि संगठन होना चाहिए। परिणामस्वरूप पंजाब की संघ-शाखाओं में बहुत बाढ़ आई थी। मुझे स्मरण है, मैंने उस समय भी कहा था कि पांडुरोग में रोगी मोटा हो जाता है। परंतु उसके स्थूल शरीर का बोझ मृत्यु का पूर्वचिह्न होता है। उसके मुख का गौरवर्ण वास्तव में विवर्ण रहता है। ऐसे पांडुरोगी के पुष्ट दीखनेवाले शरीर से महत्कार्य नहीं होता। उस समय हुआ भी नहीं। कुछ अल्प सा कार्य हुआ और संकट का यथाशक्ति प्रतिकार हुआ। उस संकट का कृष्ण-स्वरूप प्रत्यक्ष अनुभव करने से स्वयंसेवकों के और कार्यकर्ताओं के हृदय में उथल-पुथल सी हो गई। संघ का नित्य कार्य चलाना या न चलाना यहाँ से लेकर अनेक बातों में विचारों के और भावनाओं के अंत:संघर्ष तुमुल युद्ध के रूप में खड़े हो गए। उनसे छुटकारा पाकर हम कुछ विचार करने की स्थिति में आते, न आते तो अपने स्वतंत्र और स्वाभिमानपूर्ण अस्तित्व के लिए अपने ही देशवासियों से संघर्ष में अपने को खड़ा रहना पड़ा। डेढ़-दो साल उसी संघर्ष में बीत गए।

संघर्षोत्तरकाल की समस्याएँ

लड़ाई, फिर वह अहिंसात्मक और शांततामय क्यों न हो, पीछे बहुत सी बुराइयाँ छोड़कर जाती है। गीता के पहले ही अध्याय में इन बुराइयों का वर्णन अर्जुन के मुँह से 'संकरो नरकायैव' आदि शब्दों में किया हुआ है। केवल अपने यहाँ ही नहीं, दुनिया भर में ऐसा ही हुआ है। पहला महायुद्ध प्रत्यक्ष रूप में इंग्लैंड में लड़ा तो नहीं गया था, लेकिन युद्ध के बाद वहाँ की मजबूत समझी जानेवाली समाज-रचना तीन-चौथाई टूट गई। दूसरे महायुद्ध के बाद वह इतनी टूटी कि पहले

जहाँ साधारण घर की लड़की भी चरित्र्य-संपन्न होती थी, वहाँ अच्छे-अच्छे घर की लड़कियाँ भी चरित्र-भ्रष्ट पाई जाने लगीं। अंग्रेज लेखकों ने ही इस बात का, समाज का काफी निरीक्षण करने के बाद, निर्देश किया है। उन्होंने जो 'इंसेस्ट' शब्द का प्रयोग किया है उससे यह मतलब निकलता है कि बहुत बड़ी मर्यादा तक अनीति फैली हुई है।

तो संघर्ष के बुरे परिणाम हुआ ही करते हैं। सन् १९२०-२१ के आंदोलन के बाद लड़कों ने उद्दंड होना प्रारंभ किया। यह नेताओं पर कीचड़ उछालने का प्रयास नहीं है। संघर्ष के बाद उत्पन्न होनेवाले ये अनिवार्य परिणाम हैं। बात इतनी ही है कि उन परिणाम को काबू में रखने के लिए हम ठीक व्यवस्था नहीं कर पाए। सन् १९४२ के बाद तो कानून का विचार करने की आवश्यकता नहीं, ऐसा प्राय: लोग सोचने लगे। यह आंदोलन विशेष रूप से बिहार में खूब चला। आज हम देखते हैं कि गाड़ियाँ रोकना, साँकल खींचना, बिना टिकट प्रवास करना आदि बातें वहाँ आमतौर पर चलती हैं। रेलगाड़ियाँ आदि तो जनता की संपत्ति हैं, इसलिए शायद अपनी उस संपत्ति का अपनी इच्छानुसार उपयोग करना जनता ने शुरू किया। वह सारी अव्यवस्था और विचित्र दीखनेवाली परिस्थिति संघर्ष के कारण ही निर्माण हुई है। संघर्षकाल में योग्य समाज-धारणा तथा नियमों का पालन करने के भाव टूट जाते हैं और उसका फल ऐसी अवस्था के रूप में प्रकट होता है।

हमेंसन् १९४६ से लेकर सन् १९४९ तक लगातार तीन-चार साल संघर्ष में रहना पड़ा, उसके कारण अपनी भी रचना कुछ गड़बड़ा गई। अनेकविध घोषणाएँ सामने आईं, अनेकविध विचार उत्पन्न हुए और नित्य कार्य का विस्मरण सा हो गया। इस परिस्थिति से जबकि आज भी हम पूर्णतया मुक्त नहीं हुए हैं तो अब चीन के आक्रमण की घटना को लकर लोगों के मन में फिर से उथल-पुथल शुरू हो गई है। यदि आक्रमण हुआ तो क्या करेंगे यह सवाल पूछा जाता है। विवेकी,

विचारवान और संयमशील कार्य के अंगभूत होते हुए भी हम अपने को ठीक मार्ग पर रख न पाए, यह कितने आश्चर्य की बात है। समाज के कार्य के लिए जिन्हें अपने मार्ग पर पूर्णत: अडिग रहने की आवश्यकता है वे ही डिग जाएँ, यह कार्य के लिए तथा अंततोगत्वा राष्ट्र के लिए अतीव हानिकारक सिद्ध होगा। केवल हानिकारक ही नहीं, अतीव दु:खदायक भी।

नित्यकर्म में श्रद्धा से जुटें

शायद मुझे कोई कहेगा कि बढ़ती हुई उम्र के कारण नए-नए प्रयोग करने का तुम्हारा साहस टूट चुका है, तो यह आरोप मुझे मान्य है। परंतु सोच-विचार के बाद जो जँचता है वह आपके सामने रखना आवश्यक ही है। अत: मुझे कहना पड़ता है कि नित्य कर्म के नाते जो कार्य ग्रहण किया है उसमें अपना परिपूर्ण सामर्थ्य लगाना, अडिग श्रद्धा से वह करते रहना, इतना यदि हमसे हुआ तो फिर सब बातों का लाभ होगा। कोई कमी नहीं पड़ेगी। परंतु यदि इस मूलधारा की यानी अपने कार्य की या राष्ट्र की नींव की ही उपेक्षा हमने की तो आनेवाली पीढ़ी अपना अभिनंदन नहीं करेगी। अत: अपने व्यक्त संकल्प के अनुसार कार्य का नितांत अनिवार्य स्वरूप विस्तीर्ण तथा परिपूर्ण करते हुए एवं धर्म, संस्कृति और समाज का उत्कट अभिमान हृदय में धारण करते हुए यानी उसके अनुसार अपने गुणों में और व्यवहार में परिवर्तन करते हुए यदि हम कार्य करेंगे, तो अनेकविध संकटों से पार होने की तथा सुखपूर्ण राष्ट्रजीवन प्रस्थापित करने की आशा और विश्वास का अपने मन में निर्माण होगा। अन्यथा क्या होगा वह आप सोच सकते हैं। कार्य के बारे में यह सब चिंता का विचार मन में आने का कारण है। प्रवास में अनेक स्वयंसेवक मिलते हैं, जिनका अंत:करण विचलित दिखाई देता है। फिर मन में विचार आता है कि अपने कुछ कार्यकर्ता अनवधान से ऐसा कुछ बोल तो नहीं बैठते,

जिससे सिद्धांत ह्रदय से हिल जाएँ, ऐसा वायुमंडल निर्माण होता है। इसलिए व्यथित अंत:करण से ये बातें आग्रहपूर्वक कहनी पड़ी हैं।

एक प्रतिशत और तीन प्रतिशत

कोई कहेगा यह काम कब पूर्ण होगा। पंद्रह वर्षों में विशिष्ट मर्यादा तक कार्य पहुँच जाएगा, ऐसी डॉक्टरजी की अपेक्षा थी। संयोग से कार्य प्रारंभ से पंद्रह वर्ष के बाद ही उनकी मृत्यु हुई। आखिर-आखिर में उन्होंने कार्य की मर्यादा बताई और उसको पूर्ण करने के लिए तीन साल का समय दिया। उन्होंने बताया कि ग्रामीण क्षेत्र में जनसंख्या के अनुपात में एक प्रतिशत और नगर क्षेत्र में तीन प्रतिशत पूर्ण स्वयंसेवक होने चाहिए। तरुण, विधिवत् प्रतिज्ञा-बद्ध, गणवेषधारी, कार्य को जाननेवाला, समझकर व्यवहार करनेवाला ऐसा हर एक स्वयंसेवक उनको अभिप्रेत था।

दलबंदी नहीं, कार्यकर्ताओं का समूह

लोग आज भी पूछते हैं, कार्य कहाँ तक बढ़ाएँगे? वैसे तो समूचा समाज ही हमारा क्षेत्र है। लेकिन कुछ विशेष मर्यादा बताई जाए। हमारी बुद्धि मर्यादित होने के कारण समग्र समाज का विचार करना असहनीय सा हो सकता है। तो छोटा सा दल बनाने की इच्छा भी निर्माण हो सकती है। दलबंदी बनाकर समाज को नियंत्रित करने का जो विदेशों में कार्य चलता है उसका हम पर भी असर हो सकता है। यह परिणाम वास्तव में ही होना चाहिए। कारण हमारे राष्ट्र जीवन के यह विपरीत है। समग्र समाज को समेटकर उसको एक अंत:करण के ध्येय की ओर ले जाने के लिए आदर्श कार्यकर्ताओं का समूह—इस दृष्टि से ही हम अपने कार्य की ओर देखते हैं। कार्य सफल होने के लिए कार्यकर्ताओं का यह समूह कितना बड़ा होना चाहिए, इसकी मर्यादा ही मानो उन्होंने निर्धारित की। फिर तीन वर्ष की ही मर्यादा क्यों दी? मैं ऐसा मानता हूँ कि डॉक्टरजी को भविष्यदर्शी

दृष्टि थी। यदि उसी समय उनके कथन के अनुसार देश भर में प्रयत्न होता तो सन् १९४२ की उथल-पुथल में देश का भविष्य कुछ और ही बनता। लेकिन लोग समय का विचार नहीं करते।

चिरकालिक कार्य

अभी भी संकट की अवस्था है ही। और अपने सरकार्यवाहजी ने तीन वर्ष की मर्यादा फिर से दी है। इस नई योजना के अनुसार कार्य की कितनी प्रगति करनी होगी, इसका गणित आप कर सकते हैं। लेकिन प्रतिज्ञा में हमने कहा है यावज्जीव-आमरणांत संघ का कार्य करेंगे। खटाखट काम करके और संघ को नमस्कार करके घर का रास्ता पकड़ो, ऐसा विचार यहाँ नहीं है। यहाँ 'एस्केपिज्म' (पलायन) के लिए गुंजाइश नहीं है। कार्यकर्ताओं को सोचना चाहिए कि राष्ट्र की अवस्था को देखते हुए उसकी प्रबल स्थिति कितने दिनों में ला सकते हैं? उसके उपरांत कार्य चलाना है या नहीं? तात्कालिक लक्ष्यपूर्ति होते ही विचारों और आचरण का त्याग कर देने से चलेगा क्या? सत्य तो यह है कि कार्य अल्पकालिक नहीं और दीर्घकालिक भी नहीं, यह चिरकालिक है। संस्कार करने का यह महान् यंत्र वंश-परंपरा से चलाते जाना, आत्म-विस्मरण न होने देना, इसलिए आज के युग के अनुरूप संस्कारों की रचना संघ के रूप में विद्यमान है। पूर्वकाल के यज्ञ-यागादि के संस्कार टूट गए, अतः संघ द्वारा उन्हें इस प्रकार से चलाना है।

यथार्थ स्वतंत्रता

यह ठीक प्रकार से समझें कि अपना कार्य सामयिक समस्याओं को हल करने के लिए नहीं है। हिंदू-राष्ट्र को स्वतंत्र करने के बारे में जो उल्लेख प्रतिज्ञा में है, उस संबंध में डॉक्टरजी कहते थे कि अंग्रेजों का यहाँ से चले जाना यह स्वतंत्रता का मतलब नहीं है। अपनी विशुद्ध परंपरा उज्ज्वल होकर जब यहाँ खड़ी होगी और अपना स्वत्वपूर्ण जीवन यहाँ

अकुतोभय विराजमान होते हुए सारा जगत् उसके सामने नम्र होगा, तब यथार्थ स्वतंत्रता प्राप्त होगी। ऐसी ही स्वतंत्रता का उल्लेख प्रतिज्ञा में है।

परिस्थिति निरपेक्ष

तात्कालिक लक्ष्य और नारे तो रोज भिन्न-भिन्न प्रकार से सामने आते रहेंगे। उनके साथ हम रोज अपनी पद्धति आदि बदलते रहें क्या? यदि बदलते रहें तो बदलते-बदलते आखिर अपना क्या हो जाएगा। स्थायी लक्ष्य का विचार कर तथा कार्य की चिरकालिकता पर ध्यान केंद्रित कर दत्तचित्त होकर आगे बढ़ना होगा। कार्य के विस्तार की दृष्टि से आचरण करने के लिए डॉक्टरजी ने बताई हुई मर्यादा तक कार्य का विस्तार करने का संकल्प करके हम चलें तो लाभ होगा। अपने सामने समय-समय पर जो समस्याएँ खड़ी होती हैं, उनका उत्तर भी इसी में है। अपना यह हिंदू-समाज संगठित, समर्थ, जाग्रत्, शुद्धभाव से परिपूर्ण और वैभवशाली जीवन के पुनर्निर्माण की प्रखर इच्छा लेकर चलनेवाला है, ऐसा जब दिखेगा तो विच्छेद की अंतर्गत शक्तियाँ ढीली पड़ जाएँगी और बाहर का शत्रु हतप्रभ हो जाएगा। परंतु अपना संकल्प दृढ़ होना चाहिए। चित्त एकाग्र होना चाहिए। विचारों की उथल-पुथल में शांत और अडिग रहना चाहिए तथा संकल्प के अनुसार दृढ़ता से आचरण होना चाहिए। यदि ये सारी बातें होती हैं तो वह सुखकारक दिन शीघ्र ही देख सकेंगे। अन्यथा गत हजार वर्षों में जैसे एक-एक आक्रमणकारी आते रहे एवं तात्कालिक रूप से उनका प्रतिकार होता रहा, वैसा ही चलता रहेगा, इसका विचार करें।

□

प्रार्थना

"हमारी प्रार्थना एक प्रकार का मंत्र है", ऐसा परम पूजनीय श्रीगुरुजी कहा करते थे। जहाँ उस मंत्र का अन्वयार्थ और भावार्थ दिया गया है। अन्वयार्थ (अंग्रेजी में) कुछ वर्ष पूर्व स्वयं श्रीगुरुजी द्वारा लिखा गया था। भावार्थ के रूप में जो दिया गया है वह उनका २ मई, १९६६ कौ कोयंबतूर के संघ-शिक्षावर्ग में अंग्रेजी में हुए बौद्धिक का हिंदी अनुवाद है।

अन्वयार्थ

हे प्यार करनेवाली मातृभूमि! मैं तुझे सदा नमस्कार करता हूँ। हे हिंदू-भूमि! तूने मेरा सुख से पालन-पोषण किया है। हे महामंगलमयी पुण्यभूमि! तेरे ही कार्य में मेरा यह शरीर अर्पण हो। मैं तुझे बारंबार नमस्कार करता हूँ।

हे सर्वशक्तिशाली परमेश्वर! हम हिंदूराष्ट्र के सुपुत्र तुझे आदर सहित प्रणाम करते हैं। तेरे ही कार्य के लिए हमने अपनी कमर कसी है। उसकी पूर्ति के लिए हमें अपना शुभाशीर्वाद दे। हे प्रभु! हमें ऐसी शक्ति दे, जिसे विश्व में कभी कोई चुनौती न दे सके। ऐसा शुद्ध चारित्र्य दे, जिसके समक्ष संपूर्ण विश्व नतमस्तक हो जाए और ऐसा ज्ञान दे कि स्वयं के द्वारा स्वीकृत किया गया यह कंटकाकीर्ण मार्ग सुगम हो जाए।

उग्र वीरव्रती की भावना हममें उत्स्फूर्त होती रहे जो उच्चतम

आध्यात्मिक सुख एवं महान्‌तम ऐहिक समृद्धि प्राप्त करने का एकमेव एवं श्रेष्ठतम साधन है। तीव्र एवं अखंड ध्येयनिष्ठा हमारे अंत:करणों में सदैव जागती रहे। तेरी कृपा से हमारी विजयशालिनी संगठित कार्यशक्ति हमारे धर्म का संरक्षण कर इस राष्ट्र को वैभव के उच्चतम शिखर पर पहुँचाने में समर्थ हो।

'भारतमाता की जय' की परंपरा का अपने को ज्ञान रखना होगा। उस ज्ञान को रखते हुए जीवन में सतत दृढ़ता को बनाए रखने के लिए दैनंदिन कुछ उपासना करनी पड़ेगी। इन सब बातों पर योग्य ढंग से विचार करने के लिए एक विशिष्ट प्रकार की नियमबद्धता, एक विशिष्ट प्रकार की शुद्ध उपासना चाहिए और सब प्रकार के ज्ञान के एक आदर्श के रूप में खड़े हो सकें, इस प्रकार के सद्‌गुणों को अपने अंदर निर्माण करने के लिए आगे बढ़ना होगा।

आप सब लोग प्रचारक हैं, तो विचार करें कि प्रचारक का काम क्या है? कहीं १५ दिन में चले जाना, शाखा खोलना, यही कोई प्रचारक का कार्य नहीं। वह तो कोई भी कर सकता था। अनेक लोगों ने इसके पूर्व किया भी। मुझे इसका पता नहीं, आप लोगों को इसके बारे में बहुत पता है। आप ही एक प्रचार विभाग के रूप में यहाँ एकत्रित हुए हैं। इसलिए इस दृष्टि से अपनी ओर देखना, यही उचित होगा। आपका कार्य क्या है, क्या करना चाहिए, इसका निर्णय करें।

शुद्ध जीवन

एक बात केवल अपने सामने रखनी चाहिए। जब हम अपने चारों ओर के क्षेत्र में जाएँगे तो लोग एक उत्कृष्ट जीवन, एक आदर्श जीवन, इस नाते से अपनी ओर देख सकें, ऐसा व्यवहार करना उचित होगा। इस प्रकार का उत्कृष्ट जीवन बनाकर चलना चाहिए। एक आदर्श राष्ट्रभक्त के नाते अपना सब व्यवहार होता है, ऐसा ही दीखना चाहिए

और राष्ट्र के शुद्ध जीवन की परंपरा के ज्ञान का अपने पास कोई अभाव नहीं, इस प्रकार का भी लोगों को अनुभव होना चाहिए। इस प्रकार स्वयं को बनाने की इच्छा लेकर कार्य करना चाहिए, ऐसा मैं समझता हूँ। मैंने अपने तौर से उन विषयों का आपके समक्ष निर्देशमात्र किया है, जिन पर विचार करना उपयुक्त होगा। और यह होने के उपरांत अपने सामने एक ही बात बार-बार कहनी चाहिए कि इस संघकार्य को, अपनी पद्धति से चलाने के लिए हमने अपने हाथ में लिया है। उसे विचारपूर्वक ही चलाने के लिए अपना शक्तिसर्वस्व इसमें लगाना नितांत आवश्यक है।

चारों ओर की इस अवस्था को देखने के बाद और अपने अंत:करण में विचार करने के बाद यदि यही निष्कर्ष न निकला कि यही कार्य करणीय है तो अपने को ऐसा समझना चाहिए कि अपने युक्तिवाद में या विचार में कोई दोष रह गया है। और फिर से एक बार शुद्ध हृदय से विचार करना चाहिए कि यह कार्य ही अपने लिए अनुकरणीय है। इसके बिना राष्ट्र का अभ्युदय असंभव है। राष्ट्र के सामने आज और आनेवाले समय के अंदर जो भिन्न-भिन्न प्रकार की समस्याएँ, जो भिन्न-भिन्न प्रकार की आपत्तियाँ आ सकती हैं, उन सब प्रकार की आपत्तियों और समस्याओं में से राष्ट्र को पार करना इसी कार्य से हो सकता है, अन्य किसी भी कार्य से होना संभव नहीं। इस प्रकार का एक दृढ़निश्चय हम अपने हृदय में रखकर अपनी सारी शक्ति इस कार्य के लिए समर्पित करते चलें। यह भाव, इसका एक विचार सदैव, हृदय में जाग्रत् होना चाहिए। तदनुसार अपने प्रयत्न भी होने चाहिए।

संपर्क का परिणाम

और एक आखिर की बात कहकर अपना कहना समाप्त करता हूँ। संगठन का कार्य करने से अपने संपर्क में छोटे-बड़े कितने ही व्यक्ति आते हैं। अनेक लोगों को लाने के लिए हम छटपटाते हुए प्रयत्न

करते हैं। अनेक लोगों को साथ में लाते हैं तो सदा यह विचार करना चाहिए कि हम एक ध्येय पर लगे हुए विशिष्ट जीवन को लेकर चलनेवाले, सद्भावों को लेकर चलनेवाले लोग हैं। अपने संपर्क में आया हुआ जो-जो व्यक्ति है वह पहले जैसा था, उससे अधिक अच्छा हुआ है या नहीं। अच्छा यानी ज्ञान की दृष्टि से, जानकारी की दृष्टि से, राष्ट्र के इतिहास को जानने की दृष्टि से, उसके जीवनादर्श की दृष्टि से, राष्ट्रभक्ति के साथ एक ध्येयनिष्ठ जीवन निर्माण करने की दृष्टि से, सभ्यता का अपने अंदर साक्षात्कार और अनुभूति करने की दृष्टि से, अपने व्यवहार में अधिक शुद्धता, अधिक स्नेह, अधिक भ्रातृभाव इत्यादि निर्माण करने की दृष्टि से वह अधिक योग्य बना है अथवा नहीं, इसको देखना चाहिए। अपने प्रत्यक्ष दैनंदिन जीवन में जीवन-निर्वाह के भिन्न-भिन्न कार्य करता हुआ परिवार में अधिक सुख निर्माण करने की पात्रता अपने अंदर उत्पन्न करता है या नहीं यह देखना चाहिए। अधिक लोक संग्रह करते हुए समय-समय पर अपने ऊपर संपूर्ण संगठन का कार्य सँभालकर और सुचारु रूप से संगठन कर, उसका व्यवस्थित स्वरूप बनाकर रख सकने की पात्रता उसमें उत्पन्न हुई है तो वह वर्धमान हो, इसका भी ध्यान अपने को रखना चाहिए। अपने को एक ही सूत्र में कहना हो तो अपने संपर्क में जो कोई आएगा वह अपने संपर्क के उपरांत सब प्रकार से—शरीर से, पारिवारिक जीवन के सुख की दृष्टि से, संगठन चातुर्य की दृष्टि से, उसके द्वारा राष्ट्रभक्ति के प्रति वर्धमान होनेवाली दृष्टि से, वह दिन-प्रति-दिन उन्नति के मार्ग पर ही चलता है, यह देखना अपना कर्तव्य है।

प्रार्थना की महत्ता

किसी भी कार्य को करने के लिए हमें यह पूर्ण रूप से जान लेना अत्यंत आवश्यक है कि उस कार्य का हेतु क्या है और उसकी पूर्ति के

लिए हमें अपनी किस प्रकार की सिद्धता करना आवश्यक है। अपने संगठन के नाम से जो भाव व्यक्त होता है उसके द्वारा हमें अपने ध्येय एवं उसे प्राप्त करने के लिए जो गुण हमें अपनाने हैं, उनका संक्षेप में बोध हो जाता है। किंतु अपने कार्य को अन्य दृष्टिकोणों से भी समझा जा सकता है।

हम प्रतिदिन अपनी शाखा में प्रार्थना करते हैं। मुझे आशा है कि हममें से अधिकांश को थोड़ी-बहुत प्रार्थना आती होगी। यह आवश्यक है कि हमें प्रार्थना कंठस्थ हो एवं हम उसका शुद्ध उच्चारण कर सकें।

प्रार्थना एक प्रकार का मंत्र है और ऐसा कहते हैं कि मंत्र का अशुद्ध उच्चारण नहीं होना चाहिए। एक कथा ऐसी है कि देवताओं ने अपने वृद्ध पुरोहित को उसकी कुछ कृतियों के कारण मार डाला और इस कार्य में इंद्र अग्रणी थे। उस पुरोहित के पुत्र ने ब्रह्माजी से वरदान प्राप्त करने के लिए एक विशाल यज्ञ किया। यज्ञ की समाप्ति पर ब्रह्माजी ने उससे वर माँगने के लिए कहा। उसने कहा, "मैं ऐसा पुत्र चाहता हूँ जो इंद्र-शत्रु हो" अर्थात् जो इंद्र को समाप्त करे। ऐसा कहते हैं कि 'इंद्र-शत्रु' शब्द का उच्चारण करते समय उसके अलग-अलग अक्षर समूहों पर जैसा बल देना चाहिए वैसा न देते हुए 'शत्रु' पर बल देने के स्थान पर उसने 'इंद्र' पर बल दे दिया। ब्रह्माजी के 'तथास्तु' कह देने के कारण कुछ दिनों बाद उसके अत्यंत पराक्रमी पुत्र उत्पन्न हुआ, जिसने सब देवताओं को समाप्त करने की धमकी दी। किंतु अंत में इंद्र ने विजयी होकर उसे मार डाला। इंद्र को यह सफलता कैसे मिली? 'इंद्र' शब्द पर बल दिए जाने के कारण 'इंद्र-शत्रु' शब्द का अर्थ हो गया, ऐसा व्यक्ति जिसे इंद्र समाप्त करेगा। यदि 'शत्रु' पर जोर दिया जाता तो उसका उलटा अर्थ होता। इस प्रकार इस कथा के द्वारा वह सही हो या काल्पनिक, यह दरशाने का प्रयत्न किया गया है कि उच्चारण पूर्णतः शुद्ध ही किया जाना चाहिए।

किंतु केवल उच्चारण ही पर्याप्त नहीं। हमारे प्राचीन धर्मग्रंथों में कहा गया है कि जो आदमी वेदमंत्रों का केवल उच्चारण करता है, किंतु उसके अर्थ को नहीं समझता, वह बोझा ढोनेवाले गधे के समान है, अर्थात् उसे अच्छा आदमी नहीं माना जाता। इसलिए हमें अर्थ समझना चाहिए। अपने सौभाग्य से अपनी प्रार्थना में वह सब सार रूप में प्रकट किया गया है जो हम प्राप्त करना चाहते हैं। उसे हम क्रम से समझने का प्रयत्न करेंगे।

मातृभूमि को नमन और उसके प्रति समर्पण

पहले श्लोक में मातृभूमि को नमस्कार तथा उसका अभिवादन किया गया है। आप लोगों को 'राष्ट्र' शब्द का अर्थ क्या है, इसका स्मरण होगा। प्रत्येक राष्ट्र एक भू-खंड के-मातृभूमि-के अचल अधिष्ठान पर अवस्थित रहता है, जिसके प्रति वहाँ के लोगों की असीम भक्ति रहती है। यह भक्ति पहले श्लोक में व्यक्त की गई है। हमने कहा कि यह हमारी मातृभूमि होने के कारण और हमारे हिंदू होने के कारण यह हिंदूभूमि है। यह हमारे लिए अति पवित्र है। इसलिए हमने कहा कि यह हमारी पुण्यभूमि है। हम केवल यही नहीं कहते कि यह हमारे लिए अति पवित्र है, प्रत्युत गत सहस्रों वर्षों के हमारे जीवनकाल में हमारे पूर्वजों, ऋषियों एवं द्रष्टाओं ने कहा है कि इस भूमि पर किए जानेवाले कर्म ही इहलोक और परलोक में फलदायी होंगे, विशेषकर आध्यात्मिक दृष्टि से किए गए प्रयत्न तो केवल इसी भूमि में सफल होंगे। उन्होंने आगे यह भी कहा है कि मनुष्य का अंतिम लक्ष्य उस सत्तत्व का साक्षात्कार करना है जिसे हम किसी भी नाम से पुकार सकते हैं। यह साक्षात्कार, यह ज्ञान दुनिया के अन्य किसी भाग में हो पाना संभव नहीं। केवल इसी भूमि में, इस पवित्र भारत में, जिसे हम हिंदुस्थान भी कहते हैं, संभव है। इसलिए हमारे पूर्वज कहते आ रहे हैं कि इस भूमि में पत्थर, अनेक प्रकार के पौधे या तुच्छ कीड़े-मकोड़े का जन्म लेकर पैदा

होना भी महद्‌भाग्य की बात है, पूर्वजन्म के सुकर्म का फल है और इस पवित्र भूमि के रूप में मनुष्य जन्म पाना तो जन्म-जन्मांतर के सुकृत का श्रेष्ठतम सुपरिणाम है।

हमारा समाज अत्यंत प्राचीनकाल से अपनी मातृभूमि के संबंध में ऐसे ही श्रेष्ठ विचार रखता आया है। हम कहते हैं कि यह हमारी मातृभूमि है, पितृभूमि है, धर्मभूमि है, कर्मभूमि है। यही हमारी मोक्षभूमि है। जो कुछ भी पवित्र और मंगलमय है वह सब हमारी महिमामयी मातृभूमि के रूप में केंद्रित होकर साकार हुआ है। ऐसी भक्ति के साथ हमें अपनी इस मातृभूमि की ओर देखना है। यह केवल मिट्‌टी और पत्थर नहीं है जैसा कभी-कभी स्थूल दृष्टि से हमें प्रतीत होता है। महायोगी अरविंद ने इस देश के सब लोगों को चेतावनी दी है कि इस भूमि को वे केवल मिट्‌टी न समझें। उन्होंने कहा कि यह मिट्‌टी नहीं है, यह भौतिक पदार्थ का पुंज नहीं, वरन् दिव्यत्व का साकार रूप है। उन्होंने कहा कि यह आदि-शक्ति की दैवी अभिव्यक्ति है। जगत् की उत्पत्ति, स्थिति और उसके अंतिम विनाश और विकास का कारण है। उस आदिशक्ति दुर्गा ने ही अपनी इस मातृभूमि का रूप ग्रहण किया है। इसी रूप में हमें उसका साक्षात्कार करना है। अपनी इस भूमिका को हम समझें। हम अपने मस्तिष्क से उन सारी बातों को निकाल दें जो निम्न स्तर की हैं। साक्षात्कार एवं भक्ति के लिए अपनी इस धारणा को हम समझें। इस भूमि में ही ईश्वरत्व है। इसका कण-कण पवित्र है।

स्वामी विवेकानंदजी अमरीका, इंग्लैंड और अन्य यूरोपीय देशों में गए। वहाँ उन्होंने इस देश के प्राचीन तत्त्वज्ञान एवं धर्म का लोगों को उपदेश दिया, ज्ञान दिया और अपनी विजय पताका फहराते हुए वे अपने देश भारत वापस आए। कहते हैं कि जब वे जहाज से उतरे तो सबसे पहला काम उन्होंने यह किया कि वे भूमि पर लेट गए और धूल उठाकर अपने शरीर पर डालने लगे। उनके स्वागत के लिए अनेक लोग आए हुए

थे। वे कुछ क्षण के लिए आश्चर्य में पड़ गए और उनमें से एक ने हिम्मत करके पूछा कि आप यह क्या कर रहे हैं? तो उन्होंने कहा कि देखो, मैं अमरीका, इंग्लैंड और यूरोपीय देशों में रहा हूँ जो भोगभूमियाँ हैं। वहाँ के अन्न-जल से मेरा शरीर दूषित हो गया है। इस पवित्र भूमि के स्पर्शमात्र से, इस पवित्र भूमि की धूलि से, उसे दूर कर रहा हूँ। इसीलिए वे अपने सिर पर, शरीर के सब भागों पर धूल डाल रहे थे। वे तो साधु थे, संन्यासी थे, उनके लिए विधि-निषेध आदि का कोई बंधन नहीं था। कहा गया है—''निस्त्रैगुण्ये पथि विचरता को विधिः को निषेधः।'' अर्थात् सत्य, रज, तम इन तीनों गुणों से रहित पथ पर जो विचरते हैं उनके लिए कोई विधि-निषेध नहीं है। वह स्थिति उन्होंने प्राप्त कर ली। इतना होने पर भी उन्होंने भूमि पर लेटकर जो साष्टांग प्रणाम किया, वह हम सबको यही सिखाने के लिए किया था कि अपनी इस पवित्र भूमि के प्रति हमें कैसा प्रेम, कैसा आदर और कैसी भक्ति रखनी चाहिए। और इसलिए प्रार्थना के प्रथम भाग में हम कहते हैं कि यह हमारी मातृभूमि है, यह हिंदूभूमि है, यह पवित्रातिपवित्र है। इसने हमारा पालन-पोषण किया है। इसने हमें समृद्धि, सुरक्षा एवं सौख्य प्रदान किया है। इसलिए हमारा अन्य एवं पावन कर्तव्य है कि अपने जीवन को इस पवित्र भूमि के सम्मान के लिए, इसकी मिट्टी के एक-एक कण की रक्षा के लिए, समर्पित कर दें। और इसलिए हम कहते हैं कि हमारा शरीर सबके काम आए, हम इसके लिए मरें। अपनी मातृभूमि की सेवा करते हुए यदि मृत्यु का वरण भी करना पड़े तो हमें कोई चिंता नहीं।

यह पहला भाग है। यह आधार है। यह वह भूमि है, जिस पर राष्ट्रीय अस्तित्व अनंतकाल तक अडिग खड़ा रह सकेगा। इसलिए हमने अपनी प्रार्थना, अपने मंत्र के प्रारंभ में ही मातृभूमि से आशीर्वाद माँगा है और हमारा यह संकल्प है कि हम सर्वस्व के द्वारा, अपने प्राणों के द्वारा भी माता की सेवा करेंगे।

मातृभूमि की अनुभूति

इसको समझ लेने के पश्चात् हमारा यह कर्तव्य हो जाता है कि केवल शब्दों से ही यह कहकर न रह जाएँ कि यह हमारी मातृभूमि है, वरन् उसका अनुभव भी करें। कहना अलग बात है, अनुभव करना बिल्कुल भिन्न बात है। हम जानते हैं कि अनेक लोग बड़े-बड़े सद्गुणों की बातें करते हैं। किंतु वे केवल शब्द ही बोलते हैं। यह आवश्यक नहीं कि उस सत्य का उन्होंने साक्षात्कार किया हो अथवा वे सद्गुण उनमें विद्यमान हों। यह पाखंड, यदि हम इस शब्द का प्रयोग करें, सर्वत्र देखा जा सकता है। प्राय: सभी व्यक्तियों का विभाजित व्यक्तित्व दिखाई देता है, एक वह जो ऊपर में दिखाई देता है और दूसरा वह जिसे वह अपने हृदय में लेकर चलता है। इन दोनों में कोई मेल नहीं है। बाहर की चमक-चमक उसके अंतस्थ भाव के सर्वथा विपरीत रहती है। इसलिए केवल कहना मात्र पर्याप्त नहीं कि यह हमारी मातृभूमि है। केवल यह कहते रहना कि 'यह हमारी मातृभूमि है' और उसकी अनुभूति न करना कोई अर्थ नहीं रखता। हमें इतनी मात्रा में यह अनुभूति होनी चाहिए कि इससे उत्पन्न प्रेम हमारे जीवन की पथ-प्रदर्शक शक्ति बन जाए। हम जो-जो अनुभव करें, अपनी समस्त भावनाओं व बौद्धिक गतिविधियों में यह एकमेव प्रेम समान रूप से ओत-प्रोत हो जाए और हमें प्रेरित करे। तभी हम कह सकते हैं कि हमारे अंत:करण में मातृभूमि के प्रति भक्ति सुप्रतिष्ठित हुई है। इसके लिए हमें प्रतिदिन कुछ समय अपने इस महान् देश का चित्र अपने मन:चक्षुओं के समक्ष लाने के लिए लगाना चाहिए।

देखो, वह है पवित्र हिमालय। वे अनेक पवित्र पर्वत इतस्तत: फैले हुए हैं। अनेक पावन नदियाँ हैं, अनेक पवित्र जल हैं व अनेक पवित्र वृक्ष हैं। अनेक तीर्थस्थान व बड़े-बड़े मंदिर हैं जो केवल इसीलिए पावन नहीं है कि वहाँ 'विग्रहम्' यानी देवता की मूर्ति का अस्तित्व है, वरन् अपने असामान्य श्रेष्ठ पूर्वजों के त्याग एवं तपस्या से उन्हें पावनता

प्राप्त हुई है। ये सब अपने देश के कोने-कोने में फैले हुए हैं। एक इंच धरती भी ऐसी नहीं है जिसके साथ कोई-न-कोई पावनता न जुड़ी हो। यह हमें अपने मन:चक्षुओं के समक्ष लाना चाहिए।

हम कहें कि देखो, अपने देश का प्रत्येक कण अपने पूर्वजों के ज्ञान, तपस्या और बलिदान से अनुप्राणित है। इसी से हमारा निर्माण हुआ है। इस महान्ता, पवित्रता, सादगी और तपस्या को, जो हमारे पूर्वजों द्वारा पीढ़ी-दर-पीढ़ी हमें प्राप्त हुई है, हम अपने अंदर लाएँ। इस दृष्टि से हम सब एक सजातीय समग्रता में ढल गए हैं। हमारी यह महान् और पावन परंपरा, यहाँ का प्रत्येक धूलिकण हमारे लिए उच्चतम पावित्र्य से भरा है, इसी प्रकार से हम सोंचे। विभिन्न स्थानों का स्मरण करें।

उन महापुरुषों का भी स्मरण करें जिन्होंने इस भूमि को हमारे लिए पवित्र बनाया और फिर हम अपने इतिहास का स्मरण करें। हमारे इतिहास में उन महान् देशभक्तों व महान् द्रष्टाओं के आविर्भाव की गाथाएँ हैं, जिन्होंने न केवल उल्लासपूर्वक अपना जीवन व्यतीत किया अपितु अपनी मातृभूमि एवं उसके पुत्रों की सुरक्षा तथा सम्मान के लिए अपने प्राणार्पण करने का साहस एवं संकल्प भी प्रदर्शित किया। ऐसे स्थान, जहाँ इन असामान्य ऐतिहासिक महापुरुषों ने अपना जीवन बिताया, पराक्रम किया और अपने जीवन की आहुति दी, देश भर में सर्वत्र बिखरे पड़े हैं। ये स्थान भी हम लोगों के लिए समान रूप से पवित्र हैं।

यदि हम इनका स्मरण करें तो अपने मन में कह सकेंगे कि यह देश हमारा है, जिसने असामान्य पुरुषों को जन्म दिया। यह वह भूमि है, जिसकी मिट्टी से सर्वोत्तम मानवों का निर्माण हुआ है और इसी मिट्टी से मैं भी बना हूँ, इसलिए मैं भी इन महापुरुषों के पदचिह्नों का अनुसरण करूँगा।

इस प्रेरणा से हमें अपनी माता के श्रेष्ठ स्वरूप का चिंतन कर प्राप्त करना है और इस चिंतन से अपने अंदर यह संकल्प उत्पन्न करना है कि जिस प्रकार हमारे पूर्वजों ने इस महान् भूमि के हित एवं उसकी

स्वतंत्रता के लिए हँसते-हँसते स्वेच्छा से अपना जीवन चढ़ाया, उसी प्रकार मैं भी बिना किसी हिचकिचाहट के अपना जीवन समर्पित करूँगा। स्वार्थ, भय आदि कोई भी बात मुझे इस कार्य से विचलित नहीं कर सकेगी। अपने जीवन के इस सर्वश्रेष्ठ कर्तव्य को करने से कोई भी बाधा मुझे रोक नहीं सकती।

ईश्वरीय कार्य

प्रार्थना के आगे के भाग में हमने कहा है कि जो कार्य हम कर रहे हैं वह ईश्वरीय कार्य का अंश है और हम लोग जो उसे कर रहे हैं, इस हिंदूराष्ट्र के अंग हैं। हमने अपने आपको 'हिंदूराष्ट्रांगभूताः' कहा है। हममें से प्रत्येक इस महान् हिंदू राष्ट्र का अंगभूत अर्थात् भाग है। हम उसके अविभाज्य अंग हैं, अवयव हैं। हमारा इस महान् राष्ट्र के जीवन के साथ जैविक संबंध है, जीवंत संबंध है। वह भावना हमारे हृदय में सदा उमड़ती रही है। इसलिए हम कहते हैं कि हम इस महान् राष्ट्रपुरुष के अंग हैं, अवयव हैं, उसके जीवंत अविभाज्य अंश हैं और हम इस कार्य को करने के लिए कृतसंकल्प हैं। कौन सा कार्य? तो इश्वरीय कार्य।

मुझे स्मरण है कि अपने संघ के परमपूज्य संस्थापक अनेक प्रसंगों पर कहा करते थे कि यह ईश्वरीय कार्य है। ऐसा वे क्यों कहते थे? क्या यह बात करने का एक प्रकार मात्र था या वे सचमुच ही वैसा अनुभव करते थे? क्या उनके इस कथन में कोई सत्य था? यह समझने के लिए कि इसमें कोई सत्य था या नहीं, हमें यह समझना आवश्यक है कि ईश्वर का कार्य क्या है? जगत् की उत्पत्ति, स्थिति और विनाश का जो बड़ा दायित्व ईश्वर प्रत्यक्ष में निभाता दिखाई देता है, उसके अतिरिक्त उसका और कौन सा कार्य है जो हमारे प्राचीन द्रष्टाओं के अनुसार वह मानवता के हित के लिए हमारे ऐहिक जीवन में करता है? अपने भक्तों

की भलाई के लिए वह क्या करता है? इसका उत्तर भगवद्‌गीता में दिया गया है कि परमात्मा अवतार ग्रहण करता है। किसलिए? तो सज्जनों की रक्षा और दुर्जनों के विनाश के लिए, धर्म की संस्थापना और विश्व से अधर्म के उच्चाटन के लिए।[१] यही वह कार्य है।

परित्राणाय साधूनाम्

अब सोचें कि हम लोग क्या करने का प्रयत्न कर रहे हैं? क्या हम इस उद्‌देश्य की पूर्ति में सहायक रहे हैं? हमारा कहना है कि 'हाँ'। हमें सज्जनों की रक्षा करनी है अर्थात् उनकी रक्षा करनी है जो राष्ट्रीय हैं, देशभक्त हैं और इस मातृभूमि की पूजा करनेवाले अत्यधिक श्रद्धालु लोग हैं। हम जानते हैं कि ऐसे लोग हिंदू के नाम से जाने जाते हैं। हम कहते हैं कि ये लोग यह अनुभव करते हैं कि वे इस भूमि के पुत्र हैं और अपनी इस पवित्र धरती के प्रति कुछ भक्ति रखते हैं। वे हमारे द्वारा रक्षा के पात्र हैं, हमारी सेवा के अधिकारी हैं। और इसलिए हम कहते हैं कि हाँ, हम अपने इस महान् धर्म की रक्षा, उस धर्म का पालन करनेवाले लोगों की रक्षा करेंगे।

वास्तव में यह समझना बहुत सरल है कि धर्म की रक्षा केवल सैद्धांतिक स्वरूप की ही नहीं हो सकती। यदि केवल सिद्धांतों की रक्षा के द्वारा धर्म की रक्षा करना संभव होता तो श्रीकृष्ण ने, जिन्होंने स्वयं कहा था कि वे धर्म की रक्षा के लिए आए हैं, पांडवों के महान् धनुर्धर अर्जुन को युद्ध के द्वारा दुष्टों का संपूर्ण विनाश कर सज्जनों का राज्य प्रस्थापित करने की प्रेरणा न दी होती। यह संभव नहीं कि हम केवल चिंतन के धरातल पर, अपने मानसिक एवं मनोवैज्ञानिक धरातल पर, ही धर्म की रक्षा कर सकें। यह ठीक नहीं है। हमें उन व्यक्तियों की रक्षा

---

१. परित्राणाय साधूनां विनाशाय च दुष्कृताम्।

धर्मसंस्थापनार्थाय संभवामि युगे युगे॥ गीता-४:८॥

करनी चाहिए जो धर्म का पालन करते हैं। हमें उन्हें सर्वश्रेष्ठ और शक्ति-संपन्न बनाना चाहिए। उन्हें इस योग्य बनाना चाहिए कि वे मानवों का मार्गदर्शन एवं उनकी सहायता कर उनका भला कर सकें और इस लक्ष्य की प्राप्ति में जो बाधक बनें, उन्हें परास्त कर सकें। इसी मंतव्य से श्रीकृष्ण ने अनेक योद्धाओं को जुटाया और उस महाभीषण धर्मयुद्ध में स्वयं उनका मार्गदर्शन किया। इसलिए हमें कहना चाहिए कि हमें सज्जनों की अर्थात् अपने उन लोगों की रक्षा करनी है जो इस मातृभूमि के प्रति श्रद्धा रखते हैं, और उस धर्म के प्रति आस्था रखते हैं जो यहाँ के जीवन में प्रकट हुआ है। यह हमारा कर्तव्य है।

विनाशाय च दुष्कृताम्

इस रक्षा कार्य में दुष्टों का नि:पात आवश्यक हो सकता है। आज नहीं तो भविष्य में कभी संघर्ष की स्थिति आने में कुछ समय लग सकता है, किंतु संघर्ष होता अवश्य है। और जब संघर्ष होता है, तब सत् शक्तियों की विजय होनी ही चाहिए। और इस विजय के लिए उन्हें अपनी सिद्धता करनी चाहिए। उन्हें सब दृष्टि से तैयार होना चाहिए। यदि आसुरी शक्तियों को शक्ति द्वारा जीतना संभव हो तो शक्ति से, सामोपचार से संभव हो तो सामोपचार से और तर्क द्वारा संभव हो तो तर्क से जीतना चाहिए। किंतु सामान्यत: ऐसा देखने में आता है कि आसुरी शक्तियाँ तर्क या सामोपचार की भाषा नहीं समझतीं, उन्हें केवल शक्ति के द्वारा ही नियंत्रित करना संभव होता है। इसलिए हम कहते हैं कि हम अपनी संगठित शक्ति, कार्यशील शक्ति, इस कार्य के लिए खड़ी करेंगे। अपनी प्रार्थना का अंतिम भाग इस धारणा को 'संहता कार्यशक्ति:' इन शब्दों में व्यक्त करता है। हम कहते हैं कि हम ऐसी शक्ति खड़ी करेंगे जो स्वेच्छा से स्वीकृत किए गए इस ईश्वरीय कार्य की पूर्ति का महान् कार्य कर सकेगी।

आवश्यक गुण

यदि सचमुच हमें धर्म की रक्षा के लिए कार्य करना है तो फिर वे कौन-कौन से गुण हैं, जिन्हें अर्जित करना हमारे लिए आवश्यक है। क्या हम केवल शारीरिक दृष्टि से बलवान बनें, पशुबल से युक्त हों और यह कहें कि हम इस शक्ति के सहारे आसुरी शक्तियों का विरोध कर धर्म की रक्षा करेंगे? केवल शक्ति, जिसके पीछे सद्‍गुणसंपदा और जीवन के श्रेष्ठतर मूल्यों का समादर न हो, सर्वथा तिरस्करणीय है। वह विश्व की शांति और सुव्यवस्था के लिए खतरा है। इसलिए उसका दमन कर उसे नियंत्रित करने की आवश्यकता है। इस प्रकार की पाशवी शक्ति हम खड़ी नहीं करना चाहते। फिर किस प्रकार की शक्ति हम चाहते हैं? हम ऐसी शक्ति चाहते हैं जो ऐसे लोगों से मिलकर बने जो ज्ञानवान हैं, चरित्रवान हैं, जो अपनी ध्येयसिद्धि के लिए सब प्रकार के संकटों का सामना करने का साहस रखते हैं। अर्थात् जिन्हें अपने सामने आनेवाली किसी बात का यत्किंचित् भी भय नहीं है, जो अपने गंतव्य तक पहुँचने के लिए अत्यंत टेढ़े-मेढ़े पथ पर चलने का साहस और संकल्प रखते हैं। ऐसे व्यक्ति कायर या कमजोर नहीं हो सकते, वे केवल वीर ही हो सकते हैं। और इसलिए हम कहते हैं कि वीर होना चाहिए। वीरों जैसा जीवन व्यतीत करने का व्रत हम अंगीकृत करें। हम 'वीरव्रतम्' ग्रहण करें, क्योंकि वही एकमेव मार्ग है, जिसके द्वारा हम अपनी कार्यसिद्धि की राह में आनेवाली सारी बाधाओं का साहसपूर्वक और सफलता से सामना कर सकते हैं। ऐसा अडिग और अविचल मस्तिष्क आवश्यक है, जिससे हम अपने मार्ग पर शांत चित्त से सुविचारपूर्वक बढ़ सकें और अंतिम सफलता प्राप्त कर सकें।

हमें श्रेष्ठ वीर का 'वीरव्रतम्' ग्रहण करना है। क्या हममें से कोई ऐसा कर सकता है? क्या हममें से कोई कह सकता है कि 'हाँ! मैं अपने को वीर बनाऊँगा?' मेरा उत्तर है कि 'हाँ'। यदि हम निश्चय कर

लें तो यह संभव है, यदि निश्चय न करें तो फिर प्रश्न ही नहीं होता। यदि हम दृढ़ निश्चय कर लें, "मैं वीर बनूँगा" तो हमें रोकनेवाली कोई बाधा नहीं है।

वीर कौन है? वीर वह है जो अपने धर्म को समझता है और जो चिरंतन सत्तत्व के ज्ञान का और अति समृद्ध एवं विजयी ऐहिक जीवन का अर्थात् अभ्युदय और निःश्रेयस् का संयोग है। इस महान् धर्म का साक्षात्कार केवल उन्हीं को हो सकता है जो सद्गुणसंपन्न और वीरमनस्क हैं; उनको नहीं जो कायर हैं, कमजोर हैं। यह महान् सत्य दुर्बलों के लिए नहीं है। केवल सबल, वीर, साहसी और ऐसे लोग सफल हो सकते हैं जो इस दुनिया में किसी भी बात का सामना बिना विचलित हुए पूरी शक्ति के साथ तथा अपने मन का पूर्ण संतुलन रखते हुए कर सकते हैं।

धर्म संस्थापनार्थाय

कभी-कभी लोगों को इस कथन पर आश्चर्य हो सकता है कि धर्म की संस्थापना के लिए भी वीर की आवश्यकता होती है। ऐसी स्थिति में हम यह न भूलें कि विश्व के धर्मग्रंथों में जिस धर्मग्रंथ को सर्वश्रेष्ठ एवं अतुलनीय माना गया है, वह भगवद्गीता के नाम से प्रसिद्ध है। भगवद्गीता किसने कही? वे उत्तुंग सत्य किसने कहे? श्रीकृष्ण ने कहे। श्रीकृष्ण का जीवन कैसा है? अतुल पराक्रम-संपन्न। दुनिया में ऐसा कोई नहीं, जिसकी तुलना उनसे की जा सके। बुद्धि की दृष्टि से, प्रत्यक्ष सामर्थ्य की दृष्टि से, युद्धभूमि में उनके अतुलनीय शौर्य की दृष्टि से, उनका सामना कोई नहीं कर सकता था। अपने सामर्थ्य, बल एवं पराक्रम पर उनके विश्वास का एक उदाहरण देता हूँ।

कौरव और पांडव अंतिम युद्ध के लिए अपनी-अपनी तैयारियाँ कर रहे थे। उद्योगपर्व चल रहा था। लोगों ने कहा कि कौरवों को अपने स्वार्थी एवं दुष्टतापूर्ण मार्गों का परित्याग कर पांडवों से किसी प्रकार का

समझौता कर लेने के लिए अंतिम बार प्रयत्न करना चाहिए जिससे सब लोग शांतिपूर्वक रह सकें और इस महाविनाशक युद्ध को टाला जा सके। तो यह जिम्मेदारी कौन ले? अनेक ने प्रयत्न किया था और वे सब असफल हो गए थे। अब उत्तरदायित्व कौन ले? सबने कहा कि श्रीकृष्ण को जाकर मध्यस्थ का कार्य करना चाहिए। श्रीकृष्ण सहमत हो गए और जाने के लिए सिद्ध हुए। कुछ लोगों ने कहा, "हे श्रीकृष्ण! आप उस दुर्योधन और अन्य कौरवों की राजसभा में जा रहे हैं जो अत्यंत अप्रामाणिक, दुष्ट एवं चालाक हैं। वे आपको बंदी बना सकते हैं और आपके प्राण भी ले सकते हैं। आपके बिना हम अनाथ हो जाएँगे और हमारा कोई रक्षक और मार्ग-दर्शक नहीं रहेगा। फिर हमारा क्या होगा? इसलिए आप सावधानी बरतें और वहाँ न जाएँ।" किंतु श्रीकृष्ण हँसे। उन्होंने कहा, "तुम डरते हो? डरने की क्या आवश्यकता है। मुझे वहाँ जाने दो। यदि सचमुच दुर्योधन मुझ पर हाथ उठाता है तो तुम सब अपने आपको सौभाग्यशाली समझना। क्योंकि मैं अकेला ही भीष्ण, द्रोण, कृप और कौरवों के उस सैन्य बल को, जो वे अपनी राजधानी में जुटा सकेंगे, अनायास ही समाप्त कर विजयी वीर के रूप में हस्तिनापुर से लौटूँगा।" यह था उनका आत्मविश्वास। उन्होंने कहा, "मैं अकेला ही सब करूँगा।" यह थी उनकी शक्ति। और लोगों को उनकी इस शक्ति का ज्ञान था। श्रीकृष्ण के ऊपर हाथ उठाना न संभव था, न सरल। सब उनके प्रबल पराक्रम से भयभीत थे। ऐसे अतुल पराक्रमी, अतुल शक्तिशाली ने यह सत्य (श्रीमद्भगवद्गीता) प्रकट किया था। दूसरी बात यह है कि यह महान् सत्य किसको बताया गया? तो एक-दूसरे पराक्रमी पुरुष अर्जुन को, जिसके बारे में कहा गया है कि श्रीकृष्ण के बाद अपने समय का वह सर्वश्रेष्ठ धनुर्धर एवं योद्धा था। उसके साथ किसी की तुलना नहीं हो सकती थी। एक बार जब समस्त कौरवों व भीष्म, द्रोण, कर्ण आदि सब ने विराट पर आक्रमण कर उनकी गौओं

का अपहरण करना चाहा, तब इसी अर्जुन ने एक कायर सारथी के होते हुए भी अकेले ही सारी कौरव सेना को परास्त कर गौओं को छुड़ाया। इस प्रकार यह दो महान् योद्धाओं के बीच का संवाद है। धर्म का सर्वोच्च सत्य इन अतुल पराक्रमी वीरों के वार्त्तालाप में प्रकट हुआ है। जीवन का सर्वोच्च लक्ष्य अर्थात् अंतिम सत्य के साथ तादात्म्य का अनुभव प्राप्त करना और इस जगत में श्रेष्ठतम सुख एवं समृद्धि हस्तगत करना, दोनों के लिए हमें वीरता का गुण चाहिए। वीरोचित गुणों के बिना हम सफल नहीं हो सकते।

हम यह भी कह सकते हैं कि हम विशुद्ध चारित्र्य से संपन्न हों। हमें इस बात का ज्ञान रहे कि हमें क्या करना है और कैसे करना है। हममें वीर का यह महान् गुण भी चाहिए कि विश्व के द्वारा हमारे समक्ष प्रस्तुत किए जा सकनेवाले किसी भी भीषणतम संकट में हम अविचल खड़े रहें। इन गुणों से हमें अपने-आपको युक्त करना है। यह महामंत्र हमें केवल मातृभूमि के प्रति भक्ति ही नहीं सिखाता, केवल यही अनुभव नहीं कराता कि इस महान् हिंदूराष्ट्र-पुरुष के हम जीवमान अंग-प्रत्यंग हैं, केवल यही नहीं बताता कि हम अपनी संगठित भक्ति का निर्माण ईश्वरीय कार्य की पूर्ति के लिए करें; अपितु यह भी सिखाता है कि अपना कर्तव्य सही प्रकार से, सही रूप में करने के लिए हम अपने को अति श्रेष्ठ, पूर्णतः शुद्ध, निर्दोष, निष्कलंक चारित्र्य से संपन्न तथा प्रत्येक कर्मक्षेत्र में पराक्रम से युक्त व्यक्ति के रूप में प्रस्तुत करें। इस प्रकार अति संक्षेप में यह प्रार्थना हमें बताती है कि हमें क्या साध्य करना है।

लक्ष्यसिद्धि संभव है-संकल्प चाहिए

अब प्रश्न यह है कि क्या यह हम सबके लिए संभव है? मैं कहता हूँ कि क्या अपने आपको वाणी में, व्यवहार में और विचार में शुद्ध बनाना संभव है? मैं कहता हूँ कि क्या इसके लिए तुम कोई प्रयत्न

करते हो, यही मुख्य प्रश्न है। हमें प्रयत्न करना चाहिए। प्रतिदिन प्रात:काल, सायंकाल, रात्रि को जब भी थोड़ा मुक्त समय मिले, एकांत में बैठ जाओ। अपनी प्रतिदिन की चर्या को अपने मनश्चक्षुओं के समक्ष लाओ। देखो कि हमने दिन भर में क्या किया, किस प्रकार किया। देखो कि कहीं कोई त्रुटि तो नहीं हो गई, कहीं हम गलत मार्ग पर तो नहीं चले गए, कहीं गलत विचार या गलत मनोभावनाएँ हमारे मन-मस्तिष्क में तो नहीं घुसीं, कहीं किन्हीं पापमय विचारों ने तो हम पर पकड़ नहीं जमाई? इसका विचार करो। संकल्प करो, ''कल से आगे मैं अपने मन को सब प्रकार के अन्य विचारों से मुक्त रखूँगा, मैं अपने मन को सदा अपने कार्य पर, अपने आदर्श पर सर्वोच्च अंतिम सत्तत्व पर केंद्रित करूँगा और उसे कुमार्ग पर इधर-उधर भटकने नहीं दूँगा।'' हमें यह संकल्प करना है।

यदि हम किसी दिन ऐसा संकल्प करें तो संभव है कि दूसरे ही दिन फिर हम अपनी आदतों के शिकार बन जाएँ और दुर्बल हो जाएँ तथा ऐसे बन जाएँ मानो हम अपनी समस्त दुर्वासनाओं में फिर से फँस गए हैं। पर ऐसे में हम निराश न हों। हमें दिन-प्रति-दिन, अहोरात्र अपने संकल्प के महत्त्व को ध्यान में लाते हुए उसको दुहराते रहना चाहिए। हम देखेंगे कि धीरे-धीरे कुछ समय में अपने जीवन को अधिक अच्छा बनाने के अपने संकल्प को दुहराते रहने का सुफल प्राप्त हो गया है और हम लोगों में पूर्ण परिवर्तन होकर इस दुनिया में अपना कार्य करने तथा अपना कर्तव्य पूर्ण करने के लिए योग्य, सत्यवृत्त, शक्तिशाली व्यक्तियों के रूप में उभर आए हैं। हम यह कर सकते हैं, हमें यह करना होगा और इसीलिए हमें इसका नित्य विचार करना होगा।

हमें अपनी प्रार्थना को यंत्रवत् नहीं कहना है। हमें केवल उसके शब्दों का उच्चारण ही नहीं करना है, साथ ही प्रत्येक शब्द के उच्चारण के साथ अपने अंदर यह महान् आदर्श, अंगीकृत इस महान् कार्य की

सफलता के लिए कार्य के अनुरूप अपने जीवन को ढालने का यह श्रेष्ठ विचार जाग्रत् करना है। इस संकल्प के साथ और अपने मन में पवित्र सद्विचार लेकर हमें इन शब्दों को कहना है जिससे वे हमारे अंदर गहराई तक चले जाएँ और वहाँ ऐसा अमिट संस्कार करें कि किसी भी चीज से उसे मिटाना संभव न हो। यह एक मार्ग है जिससे हम अपने काम में अपना मन लगा सकते हैं। हम अपने कार्य का उचित मूल्यांकन करें, उसे ठीक तरह से समझें और अपने हृदय को उसमें उँड़ेल दें।

उद्योग करो

प्रश्न आता है कि हमें उद्योग करना चाहिए या नहीं? अवश्य करना चाहिए। हमें करना होगा। यह विश्व उन लोगों के लिए है, जो उद्योगी हैं। जो कहते हैं कि हम निठल्ले बैठे रहेंगे और कुछ नहीं करेंगे, उनके लिए न इहलोक है, न परलोक। यह तो परिश्रम करनेवालों के लिए है, कार्य करनेवालों के लिए है, उन लोगों के लिए है जिन्होंने अपने स्वार्थ का पूर्णरूप से परित्याग कर दिया है और अपने आपको ईश्वर के कार्य में जुटा दिया है। उनके लिए इहलोक और परलोक दोनों सुरक्षित हैं। इसलिए हमें बिना किसी स्वार्थ की भावना के, बिना किसी वैयक्तिक महत्त्वाकांक्षा के, बिना अपनी पाशवी वासनाओं की पूर्ति की इच्छा के, केवल एक ही मार्गदर्शक सिद्धांत को लेकर कार्य करना चाहिए, कि यह वह पवित्र भूमि है जिसकी मुझे सेवा करनी है और यह उस धरती के हिंदूराष्ट्र के पावन पुत्र हैं, जिनकी सेवा कर उन्हें विश्व में सर्वश्रेष्ठ बनाना मेरा परम कर्तव्य है। हमें नित्य यह सोचते हुए कार्य में जुटना है कि इस कार्य को पूरा करना मेरा पुनीत कर्तव्य है और तदनुसार मैं अपनी मनोरचना में, बौद्धिक विवेक में तथा शारीरिक क्षमता में ऐसे आवश्यक परिवर्तन लाऊँगा जिससे मैं इस कर्तव्य को उत्तम प्रकार से निपुणता के साथ पूरा कर सकूँ।

प्रतिदिन इन विचारों के साथ हमें कार्य में जुटना है। हमें स्वयं का विकास करते हुए अपने आपको ऐसी योग्यता से संपन्न करना है जिससे हम अपने संगठन को वैसा ही रूप दे सकें जैसा हम चाहते हैं। अर्थात् अपने समग्र हिंदू समाज का प्रखर राष्ट्रीय भावनाओं से ओतप्रोत परिपूर्ण संगठित रूप जिससे हम अपने राष्ट्र को विश्व में श्रेष्ठतम, समृद्धतम, पवित्रतम व दिग्विजयी बना सकें।

□

श्री गुरुजी के कुछ वक्तव्य

प्रथम वक्तव्य

नई दिल्ली, २ नवंबर, १९४८

सद्य: अवैध एवं विसर्जित राष्ट्रीय स्वयंसेवक संघ के सहयोगी कार्यकर्ता और मैं सन् १९२५ की विजयादशमी से लगातार पिछले २३ वर्षों से हिंदू समाज की शक्ति भर सेवा करते आ रहे हैं। राष्ट्रीय स्वयंसेवक संघ के उद्देश्य पवित्र एवं उदात्त हैं। संक्षेप में वे ये हैं—

भारतवर्ष हमारी पुण्यभूमि एवं मातृभूमि है तथा हमारा एकमेव श्रद्धास्थान है।

इस पुण्यभूमि में हम हिंदू अगणित शताब्दियों से रहते आए हैं, जिसके कारण यह देश हिंदुस्थान नाम से विख्यात है।

इस पुण्यभूमि में रहते हुए हमने एक महान् धर्म की सृष्टि की है जिसमें उच्चतम भौतिक वैभव एवं श्रेष्ठ आध्यात्मिक आनंद का सुंदर समन्वय है। यही हमने बड़े-बड़े साम्राज्यों के निर्माण का प्रयत्न किया, जिसमें समूचे राष्ट्र को एक सुव्यवस्थित समाज के रूप में संगठित किया। प्रत्येक व्यक्ति को सुखी एवं अभावमुक्त बनाया तथा ज्ञान के ऊँचे से ऊँचे शिखर पर आरूढ़ होने और आध्यात्मिक शांति प्राप्त करने के लिए अवसर प्रदान किए। प्रत्येक को अपनी योग्यता, अभिरुचि तथा मत के अनुसार बढ़ने का अवसर था।

हमारे इस प्रयत्न में हमने व्यक्तिगत पवित्रता एवं निष्कलंकता, प्रेम एवं सेवा, त्याग एवं नि:स्वार्थवृत्ति, भक्ति एवं आत्म-समर्पण के उच्च आदर्श प्रस्थापित किए। इन आदर्शों को अपने जीवन में लानेवाले महापुरुषों की अखंड-मालिका से हमारा राष्ट्र गौरवान्वित रहा है।

चरित्र की शुद्धता

बहुमुखी अनुभवों से भरे हुए हमारे लौकिक जीवन, के हमारे आध्यात्मिक दृष्टिकोण, हमारी दर्शनिक वृत्ति, चरित्र की पवित्रता पर हमारा आग्रह तथा महापुरुषों की हमारे जीवन पर पड़ी हुई छाप ने हमारी महान् संस्कृति का विकास किया और हमने एक राष्ट्र का निर्माण किया।

दुर्भाग्यवश, व्यक्ति एवं समूहों को अत्यधिक रूप से दी हुई छूट के कारण मत-मतांतरों की उत्पत्ति हुई। मातृभूमि की विशालता के कारण अनेक भाषाओं का विकास हुआ। इस प्रकार शनैः-शनैः जीवन की अनेक विभिन्नताओं के रहते हुए भी हमने जिस एकता की सृष्टि की थी, वह धीरे-धीरे नष्ट होने लगी।

इस प्रकार एक हजार वर्ष पूर्व आए हुए आक्रमणकारियों ने हमें विघटित पाया, जिस कारण हमें सरलतापूर्वक विजित कर शासनाधीन किया जा सका। हजार वर्ष की दासता ने विघटन के क्रम को इतनी गति दी कि हम आज यह भी भूल गए हैं कि कभी हम एक संस्कृति और एक मातृभूमि की पूजा करनेवाले एक ही समाज थे, एक ही राष्ट्र थे।

हमारे आदर्श नष्ट हो गए तथा उनका स्थान विदेशी आदर्शों ने, जीवन की विदेशी पद्धतियों ने तथा विदेशी स्वरूप के सामाजिक, आर्थिक एवं राजनैतिक आदर्शों ने ले लिया। उन विदेशियों के, जो अभी जीवन में प्रयोग की स्थिति पर ही है।

स्थिति सुधारने का निश्चय

यह विश्वास करके कि जो राष्ट्र अपने भूतकाल के साथ इस प्रकार अत्याचार करता है, उसका भविष्य भी संदिग्ध होता है तथा यह अनुभव करके कि जिस राष्ट्र में आपसी फूट है, वह उसे अधिक दिन सँभालकर नहीं रख सकता, यह विश्वास होने के कारण कि केवल अनुकरण ही प्रगति नहीं है, हमने संपूर्ण स्थिति को सुधारने का निश्चय किया।

अतः हमने 'राष्ट्रीय स्वयंसेवक संघ' के नाम से अपना कार्य आरंभ किया। इसका उद्‍देश्य देश को उसके अतीत का ठीक-ठीक ज्ञान कराना तथा उसकी महान्‌ताओं की ओर प्रवृत्त करने के लिए ध्यान आकर्षित करना था। इसने यह स्मृति जगाने का प्रयत्न किया कि हम एक समाज थे, जिसकी एक पुण्यभूमि थी, एक संस्कृति थी, इसीलिए हम एक राष्ट्र थे। इसने सब विघटनकारी प्रवृत्तियों को नष्ट किया, चाहे उनका आधार मत, संप्रदाय अथवा जाति रहा हो या राजनीतिक, आर्थिक अथवा भाषा-भेद।

यह प्रयास विघटित, असंगठित एवं अनुशासनहीन व्यक्तिगत स्वार्थपूर्ण जीवन के स्थान पर एक सुगठित, सुव्यवस्थित एवं अनुशासित समष्टिगत सामाजिक जीवन निर्माण करने का था। संघ ने पुरातन एवं महान्‌ हिंदू राष्ट्र में चिरंतन बंधुत्व का अटूट सूत्र निर्माण किया। हमें प्रांत, भाषा एवं संप्रदाय के भेदों से ऊपर उठकर एक ठोस और सच्चा बंधुत्व निर्माण करने में सफलता मिली।

अपने कार्य की पवित्रता का विचार करते हुए हमें यह कभी भी आशा नहीं थी कि हमारे मार्ग में कोई आएगा। शंकाशील विदेशी शासन में हम अपना कार्य बिना अड़चन कर सके।

अब स्वतंत्रता प्राप्त होने के पश्चात्‌ दलगत राजनीति का बोलबाला

हो गया है तथा हमें भी संभावित राजनैतिक प्रतिद्वंद्वी समझकर नष्ट करने के लिए निशाना बनाया गया, किंतु हमारे कार्य की पवित्रता के कारण कोई भी अवसर नहीं मिला।

अचानक महात्मा गांधीजी की दुर्भाग्यपूर्ण हत्या हो गई, जिससे सत्ताधारी दल को चिरप्रतीक्षित अवसर मिल गया। अनेक दलों के क्षुद्र मनोवृत्ति के नेताओं ने हमारे विरुद्ध एक तूफान खड़ा किया और भाई को भाई के विरुद्ध कर समाज के कई अंगों में हमारे विरुद्ध, अपने ही बंधुओं के विरुद्ध घोर घृणा का निर्माण किया। मैं अपने स्वयंसेवक बंधुओं का आभारी हूँ कि ऐसे समय में उन्होंने अपना संतुलन बनाए रखा तथा भाई-भाई का संघर्ष बचाया।

राष्ट्रीय स्वयंसेवक संघ पर केंद्रीय सरकार ने ४ फरवरी, १९४८ को प्रतिबंध लगा दिया तथा प्रांतीय सरकारों ने उसका अनुसरण किया। इसके ऊपर कई प्रकार के दोषारोपण किए गए, जिनको यहाँ दोहराने की आवश्यकता नहीं, क्योंकि प्रत्येक उनको भली-भाँति जानता है। हम जानते थे कि आरोप निराधार है, फिर भी हमने अपने संगठन को विसर्जित कर दिया तथा संपूर्ण आरोपों को अस्वीकार किया। समय ने भी पूर्णतया सिद्ध कर दिया है कि राष्ट्रीय स्वयंसेवक संघ पर अनेक कृत्यों के जो आरोप लगाए गए थे, वे झूठ थे। आशा थी कि शीघ्र ही सरकार अपना कदम वापस ले लेगी।…हमने जेल की यातनाएँ सहकर भी व्यक्तिगत कार्यों तथा व्यक्तिगत गतिविधियों पर लगाए हुए बंधनों का सदा पालन किया, परंतु हमारी प्रतीक्षा व्यर्थ ही रही। …मुझे बताया गया कि प्रतिबंध लगाते समय केंद्र ने पहल की थी, प्रांतों ने उसका अनुसरण मात्र किया था। भिन्न-भिन्न प्रांतों के मुख्यमंत्रियों के वक्तव्यों से हमें पता चला है कि यह केंद्रीय सरकार का ही प्रश्न है, प्रांत तो केवल उसके निर्देश को मान सकते हैं।

ऐसा प्रतीत होता है जिन आरोपों के कारण प्रतिबंध लगाया गया

था, उनके असंगत एवं मिथ्या होने पर इस मार्ग को अपनाकर अन्याय को बनाए रखने के लिए इस परदे की ओट ली जा रही है। नए प्रश्न एवं अधिक शर्तें रखी जा रही हैं।

एक और सुझाव दिया गया है कि संघ राजनीतिक दल बन जाए। इसका अर्थ यह होगा कि राजनीतिक दलों के अतिरिक्त और किसी भी कार्य को, यहाँ तक कि पवित्र सांस्कृतिक कार्य को जीवित रहने का अधिकार नहीं है।

मैं समझता हूँ कि सांस्कृतिक कार्य को, सत्ता प्राप्त करने के लिए की जानेवाली राजनीतिक दौड़-धूप से, स्वतंत्र रहना चाहिए। इसका किसी राजनीतिक दल से गठबंधन भी नहीं होना चाहिए। अत: मैं एक समय के स्वयंसेवक बंधुओं से कहूँगा कि वे यह समझ लें कि मेरे सम्मानपूर्ण समझौते के प्रयत्न निष्फल हुए हैं। अब उनके सामने दो मार्ग हैं। एक है—प्रतिबंध की अवहेलना कर संघ के नाते एकत्र होने के अपने अधिकार की रक्षा करना⋯। जो देश की आज की नाजुक स्थिति में अविचारपूर्ण होगा। अत: मैं उनको सलाह दूँगा कि वे⋯अपने देशप्रेम से उत्पन्न संयम और उच्च सांस्कृतिक स्तर का और अधिक परिचय दें, जैसा कि उन्होंने गत फरवरी में दिया था।

दूसरा मार्ग हिंदू समाज की सेवा में अपनी शक्ति और नि:स्वार्थ भावना का उपयोग करने के वैधानिक एवं शांतिपूर्ण रास्ते ढूँढ़ निकालना है। मैं दूसरा मार्ग सुझाता हूँ।

हिंदू समाज से मेरी अपील है कि वह भ्रमात्मक अपप्रचार का शिकार न बने। पिछले एक हजार वर्षों में आपसी फूट के कारण हमने पहले ही बहुत कुछ भुगता है। अब तो हमें एक होना चाहिए तथा पारस्परिक प्रेम, श्रद्धा और विश्वास के आधार पर अधिक स्वस्थ, सुदृढ़ तथा उदात्त जीवन का निर्माण करना चाहिए, जिससे हम प्राचीन हिंदू समाज को अपने घर में, अपनी पवित्र मातृभूमि भारतवर्ष में सुखी और

वैभवसंपन्न बना सकें।

सर्वशक्तिमान् भगवान् हमारा पथ-प्रदर्शक हो। सत्य की विजय होगी। हमारा राष्ट्र उसके पथ-प्रदर्शन से आज की दयनीय स्थिति से पार होगा।

श्री गुरुजी का द्वितीय वक्तव्य

नई दिल्ली, २ नवंबर, १९४८

मैं अनुभव करता हूँ कि कुछ विषयों पर अपने विचार अपने देश-बांधवों के सामने व्यवस्थित रूप से रखना उचित होगा, जिनके विषयों को कुछ समय से बहुत महत्त्व दिया जा रहा है तथा जिनके संबंध में बहुत सी भ्रमपूर्ण धारणाएँ उत्पन्न हो गई हैं।

…जब सभी व्यक्तियों को यह स्पष्ट है कि (संघ पर प्रतिबंध के विषय में) सरकारी विज्ञप्ति में बताए गए कारण पूर्णतया काल्पनिक और असंगत हैं और निष्पक्ष जाँच के सामने प्रमाणित नहीं हो सकते, तब स्वार्थी तत्त्व अपनी स्थिति डाँवाँडोल होती देख संघ पर प्रतिबंध लगे रहने के नवीन तथा अनावश्यक कारण निर्माण कर रहे हैं। साथ ही, जनता को एक स्वार्थत्यागी शिक्षित वर्ग की अत्यावश्यक सेवाओं से वंचित कर रहे हैं।

मैं स्पष्ट कर दूँ कि राष्ट्रीय स्वयंसेवक संघ देश की राजनीतिक सत्ता हस्तगत करने की आकांक्षा लेकर चली हुई एक राजनैतिक संस्था नहीं है। अपने जीवन के इन वर्षों में यह संस्था राजनीति तथा उससे संबंधित दलबंदी तथा सत्ता-संघर्ष से दूर रही है। इसके द्वार सभी हिंदू-बंधुओं के लिए खुले हुए हैं, वे चाहे जैसे राजनैतिक विचार रखते हों। इसके सदस्यों को इस बात की स्वतंत्रता है कि वे विचारपूर्वक कोई भी राजनैतिक मत रख सकते हैं और अपनी इच्छानुसार किसी भी संस्था में काम कर सकते हैं। इसके सदस्यों से केवल यह अपेक्षित है कि वे हिंदुओं की एकता

तथा संस्कृति में विश्वास रखें और उसके लिए कार्य करें तथा अपनी सांस्कृतिक परंपरा की सुदृढ़ भित्ति पर सभी व्यक्तियों के संबंध में अपने अंदर चिरबंधुत्व का भाव निर्माण करने का प्रयत्न करें।

इस पृष्ठभूमि के साथ हमारे स्वाभाविक विकास के मार्ग में जो प्रश्न उपस्थित किए गए हैं, उसके विषय में मैं अपनी स्थिति को प्रकट करता हूँ—

१. ध्वज—राष्ट्रीय स्वयंसेवक संघ के ध्वज के संबंध में अत्यंत प्रयत्नपूर्वक भ्रम फैलाया जा रहा है। ···राष्ट्रीय स्वयंसेवक संघ का अपना ध्वज होगा।···वह स्वाभाविक पुरातन भगवाध्वज है, जो हिंदू संस्कृति के त्याग और आत्मसमर्पण की भावना का दिग्दर्शक है। सभी गैर-सरकारी संस्थाओं का अपना अलग ध्वज है। कांग्रेस का भी है, जो राज्यध्वज से भिन्न है। निस्संदेह ऐसा होना चाहिए।

···किसी गैर-सरकारी संस्था अथवा दल को राज्यध्वज अथवा उसके ही समान किसी ध्वज को, जिसके कारण जनता के मन में भ्रम उत्पन्न हो, उपयोग करने का अधिकार नहीं है। इस कारण अपने ध्वज के प्रति परिपूर्ण भक्ति रखते हुए राष्ट्रीय स्वयंसेवक संघ, राज्य का अंग होने के कारण राज्य-ध्वज के प्रति संपूर्ण श्रद्धा रखता है और मैं बिना किसी संकोच के कह सकता हूँ कि राष्ट्रीय स्वयंसेवक संघ का प्रत्येक सदस्य किसी भी आक्रमणकारी से राज्य-ध्वज की रक्षा के लिए अपना जीवन सहर्ष दे देगा।

२. जनतांत्रिक शासन-व्यवस्था पर विश्वास—समय ने यह सिद्ध कर दिया है कि जनतंत्र-राज्य ही सबसे श्रेष्ठ है तथा अन्य सभी प्रकार की राज्य-पद्धतियों से अधिक सफल तथा चिरस्थायी होता है। ···राष्ट्रीय स्वयंसेवक संघ ने पूर्णतया सांस्कृतिक संस्था होने के कारण तथा राजनीति क्षेत्र से पूर्णतया बाहर होने के कारण, अपना निर्माण पारंपरिक विश्वास और स्नेह की भावना पर किया है तथा अपना सदा

ही बढ़ते रहनेवाला पारिवारिक जीवन का ढंग रखा है। अभी तक यह ढंग भी पूर्णतया संतोषप्रद रहा है।

३. राज्य असांप्रदायिक संस्था है—हमारी एक हिंदू संस्था है। हिंदू के लिए राज्य सदा असांप्रदायिक रहा है और अभी भी है। हिंदू-धारणा से दूर जाने के कारण प्रथम बार अशोक के समय में सांप्रदायिक धार्मिक राज्य का निर्माण हुआ था। बाद में विभिन्न मुसलमान वंशों के अहिंदू राज्य तथा मुगलों के साम्राज्य सांप्रदायिक राज्य थे। यह ज्ञात रहना चाहिए कि विदेशी सत्ता के विरुद्ध शिवाजी के नेतृत्व में हिंदू शक्ति का जो निर्माण हुआ था, वह हिंदू-परंपरा के अनुसार एक असांप्रदायिक राज्य था, जहाँ हिंदू और मुसलमान राज्य में उच्च स्थान प्राप्त कर सकते थे और उनका धर्म नागरिक जीवन के लिए बाधास्वरूप न था। ...दुःखप्रद अज्ञान ही प्रदर्शित करता है।

४. हिंदू-राज्य—राष्ट्रीय स्वयंसेवक संघ देश के अहिंदू नागरिकों से शून्य हिंदू राज्य का प्रतिपादन नहीं करता। हमने इस विचार को 'ऊँची उड़ान भरनेवाली कल्पना तथा प्रबल भावावेश से उत्पन्न एक भूल' ही समझा है तथा इस विषय पर विचार का अनौचित्य समझकर सदा इसकी अवहेलना ही की है।

५. गुप्त कार्य—हमारा विश्वास है कि कोई भी प्रगतिशील संस्था बहुत समय तक जीवित तथा वृद्धिगत नहीं रह सकती, यदि वह अपना कार्य गुप्त रीति से करे। राष्ट्रीय स्वयंसेवक संघ द्वारा गुप्त रीति से कार्य करने का प्रश्न इस कारण भी उपस्थित नहीं होता, क्योंकि उसका कार्य सांस्कृतिक है और उसकी कोई राजनीतिक महत्त्वाकांक्षा नहीं रही है।

६. गैर-सरकारी सेना—सेना का निर्माण राज्य का कार्य है, किसी गैर-सरकारी संस्था का नहीं। राष्ट्रीय स्वयंसेवक संघ ने लाठी तथा इसी प्रकार का सुनिश्चित भारतीय शारीरिक व्यायाम तथा साधारण ड्रिल का उपयोग बंधुत्व तथा नागरिक अनुशासन निर्माण करने की दृष्टि

से किया था, जब तक इसके उपयोग की न्यायतः नागरिकों को अनुमति थी। इस कारण राष्ट्रीय स्वयंसेवक संघ के अनुशासित कार्य की सेना तथा उसके विधान से तुलना करना उचित नहीं।

७. वर्तमान सरकार को उलटकर हिंसा द्वारा सत्ता प्राप्त करने का प्रयत्न—यह विचार केवल कपालकल्पित है। राष्ट्रीय स्वयंसेवक संघ के सांस्कृतिक रूप को तथा उसके द्वारा राजनीतिक आकांक्षाओं से अपने को पृथक रखने के प्रयत्न को दृष्टि में रखते हुए यह प्रश्न उत्पन्न ही नहीं होता।

ये वे प्रश्न हैं, जिनके विषय में उत्तरदायी व्यक्तियों द्वारा कहा गया है कि इनके संबंध में भ्रमात्मक धारणाओं को दूर करना आवश्यक है। मैं समझता हूँ कि इसके बाद मेरे देश-बंधुओं को विश्वास हो जाएगा कि राष्ट्रीय स्वयंसेवक संघ पर अनुचित दोषारोपण किया गया है तथा उसके संबंध में भ्रामक प्रचार किया गया है और वे इस संस्था को पुनर्जीवित करने के मेरे वैद्य प्रयत्नों की भी सराहना करेंगे।

प्रधानमंत्री पं. नेहरू ने अपने २७ सितंबर के पत्र में दावा किया था कि रा.स्व.संघ के आपत्तिजनक कार्यों में संलग्न होने के पर्याप्त प्रमाण सरकार के पास हैं। इन प्रमाणों को प्रकट करने की माँग करते हुए श्री गुरुजी ने प्रधानमंत्री को निम्नोद्धृत पत्र लिखा—

२० बाराखंभा रोड, नई दिल्ली
३ नवंबर, १९४८

माननीय पं. जवाहरलाल नेहरू

आपका २७ सितंबर, १९४८ का पत्र, जिस पर आपकी ओर से श्री ए.वी. वैध के हस्ताक्षर थे, मुझे यथासमय प्राप्त हुआ।

२. सबसे पहले मैं यह कह देना चाहता हूँ कि संयुक्त प्रांत की सरकार ने मुझे भेजे गए तथाकथित 'नोट' के संबंध में सही जानकारी

केंद्रीय सरकार को नहीं दी है। मुझे तथा संयुक्त प्रांत में काम करनेवाले मेरे किसी पूर्व-सहयोगी को कभी भी इस प्रकार का कोई 'नोट' प्राप्त नहीं हुआ। यदि वह सचमुच भेजा गया है, तो उसका क्या हुआ, यह मेरे लिए एक रहस्य है। राष्ट्रीय स्वयंसेवक संघ पर प्रतिबंध लगाए जाने के बहुत पहले एक अभियोग-पत्र के संबंध में, जिसे संयुक्त प्रांतीय सरकार हमारे विरुद्ध तैयार कर रही थी, मैंने भी बहुत कुछ सुना था। महीनों बीत गए, किंतु वह सामने नहीं आया। इसका अर्थ क्या मैं यह करूँ कि संयुक्त प्रांत तथा अन्य प्रांतों की सरकार के पास जो तथाकथित प्रमाण है, उनका अधिकांश उसी प्रकार से प्रामाणिक है, जैसा कि वह 'रहस्यपूर्ण नोट'?

३. प्रमाणों के संबंध में मैं यह भी कह दूँ कि संयुक्त प्रांतीय सरकार के मुख्यमंत्री के पार्लियामेंटरी सेक्रेटरी श्री गोविंद सहाय ने 'नाजी टेकनीक और आर.एस.एस.' शीर्षक से एक पुस्तिका हिंदी में लिखी है। वे उच्च सरकारी अधिकारी के पद से उसका खूब प्रचार कर रहे हैं। उस पर एक दृष्टि डालने से ही यह स्पष्ट हो जाता है कि वह आदि से अंत तक मनगढ़ंत और कुत्सित झूठ से भरी पड़ी है। यह है प्रमाणों का स्वरूप, जो संयुक्त प्रांतीय सरकार के पास है।

४. यदि वास्तव में केंद्रीय और प्रांतीय सरकारों के पास राष्ट्रीय स्वयंसेवक संघ या उसके कतिपय सदस्यों के विरुद्ध दोषी प्रमाणित करने योग्य प्रमाण हों, तो क्या वह उचित नहीं है कि सरकार इन तथाकथित अपराधियों के विरुद्ध सफल वैधानिक कार्यवाही करे? जहाँ तक मैं जानता हूँ, पिछले इन कई महीनों में विभिन्न सरकारों ने असाधारण विशेष कानून का उपयोग करने का मार्ग ही स्वीकार किया और दंड-विधान की धाराओं के अंतर्गत किसी व्यक्ति या व्यक्तिसमूह पर कानूनी कार्यवाही नहीं की। एक मुकदमा, जिसका बहुत ढोल पीटा गया था और जो मुजफ्फनगर के 'कांधला-कांड' के नाम से विख्यात है, पिछले

सप्ताह ही निर्णीत हो गया है। प्रतीत होता है कि संयुक्त प्रांतीय सरकार के तथाकथित अभियोग-पत्र का संपूर्ण आधार यही था। न्यायाधीश के सुपठित तथा संतुलित निर्णय पर दृष्टिपात मात्र से ही 'राष्ट्रीय स्वयंसेवक संघ' के कुछ सदस्यों के विरुद्ध 'महान् प्रमाण' की असत्यता स्पष्ट हो जाती है।

५. स्वतंत्र राज्य की वैधानिक सरकार नागरिकों के जिन मूलभूत अधिकारों को प्रतिपादन करती है, उसके अनुसार हम अपना अधिकार समझते हैं कि सरकार उन प्रमाणों को हमारे सामने उपस्थित करे जिससे हम उन अभियोगों का निराकरण कर सकें। किसी भी सुसभ्य सरकार, जैसी कि अपनी है, के लिए यह सर्वथा अनुचित है कि वह किसी भी वर्ग अथवा व्यक्ति पर बिना पर्याप्त पुष्ट प्रमाण उपस्थित किए गंभीरतम अभियोग लगाए और अभियुक्त को अपनी निर्दोषिता प्रमाणित करने का अवसर भी न दे। राष्ट्रीय स्वयंसेवक संघ के संबंध में मुझे बाध्य होकर यह कहना पड़ रहा है कि हम पर लगातार अभियोग लगाते जाना, सरकारी प्रतिबंध की आड़ में व्यक्तियों तथा गुटों को हमारे विरुद्ध गंदा प्रचार करने का अवसर देना, साथ ही जनसुरक्षा कानून जैसे असाधारण कानूनों द्वारा सब प्रकार से हमारा मुँह बंद करना, हमारे साथ भारी अन्याय है। मैं समझ नहीं पाता कि जिस सरकार को हम प्रेम और आदर की दृष्टि से देखना चाहते हैं, उसे इस प्रकार के कार्य कैसे शोभा देंगे?

६. इस संक्षिप्त पत्र में मैंने यही निर्देशित करने की चेष्टा की है कि वे 'प्रमाण', जैसा उनका स्वरूप है, अविश्वसनीय हैं। इन 'प्रमाणों' की एक बार जाँच-पड़ताल कर वास्तविक तथ्य को निर्धारित करना होगा। मेरा निवेदन है कि इस प्रश्न पर आप हमारे प्रधानमंत्री के नाते पक्षपातरहित, न्यायपूर्ण एवं विधायक दृष्टिकोण से विचार करें तथा मुझे और मेरे साथियों पर लगाए गए आरोपों का निराकरण करने तथा अपनी निर्दोषिता सिद्ध करने का अवसर अवश्य देंगे। साथ ही मेरा यह भी

निवेदन है कि लगाए गए अरोपों की प्रमाणहीनता को देखते हुए राष्ट्रीय स्वयंसेवक संघ पर लगाया गया प्रतिबंध उठा लिया जाए।

आपसे प्रत्यक्ष मिलकर यदि स्थिति भली-भाँति समझाने का शीघ्रातिशीघ्र अवसर मुझे मिल सका, तो मैं आपका बड़ा कृतज्ञ रहूँगा। भेंट करने के समय एवं तिथि की आप कृपया सूचना देंगे।

शीघ्र प्रत्युत्तर की आशा में—

भवदीय
मातृसेवा में सहयोगी
मा.स. गोलवलकर

२८ अक्तूबर को सरदार पटेल की ओर से नागपुर वापस चले जाने की सूचना मिलने के पश्चात् ३ नवंबर के दिन दिल्ली के जिला मजिस्ट्रेट ने एक और सूचना श्री गुरुजी को दी कि यदि वे प्रधानमंत्री से मिलने के लिए दिल्ली में रहना चाहते हैं तो वैसे ही प्रतिबंधों के साथ रह सकते हैं जैसे उन पर मध्यप्रांत की सरकार ने लगा रखे थे। श्री गुरुजी ने यह शर्त स्वीकार नहीं की, परंतु उसका सप्रयास उल्लंघन भी नहीं किया।

५ नवंबर को उन्होंने सरदार पटेल को निम्नोद्धृत पत्र लिखा—

२०, बाराखंभा रोड, नई दिल्ली
५ नवंबर, १९४८

मान्यवर सरदार पटेलजी,

सादर प्रणाम।

आपके दिल्ली से मुंबई के लिए प्रस्थित होने के पश्चात् आपकी ओर से कुछ सूचनाएँ मेरे पास आईं। उनका सारांश यह है कि प्रांतों से राय मँगाई थी। वह संघ से प्रतिबंध उठाने के प्रतिकूल आई है। अब मैं यहाँ न रहकर नागपुर लौट जाऊँ, क्योंकि मेरे ऊपर के निर्बंध केवल इसलिए उठाए गए थे कि मैं दिल्ली आकर आपसे भेंट कर सकूँ और संघ से प्रतिबंध

हटाने के लिए समक्ष प्रार्थना कर सकूँ। अब वह काम हो चुका है।

एक बात प्रथम स्पष्ट कर देना चाहता हूँ कि मैंने माननीय पंडित द्वारका प्रसादजी मिश्र से यह बात बहुत पहले, अगस्त में कह रखी थी कि केवल दिल्ली जाने की अनुमति या उस शर्त पर निर्बंधों का उठाया जाना मैं नहीं चाहता। सरकार अच्छा-बुरा सोचकर बिना शर्त प्रतिबंध उठाए तो ठीक। अत: बिना शर्त निर्बंध उठने का समाचार पढ़ने के बाद ही मैं यहाँ आया।

दूसरी बात, अनेक बार अनेक लोग अनेक प्रकार के प्रश्न पूछते रहे। मैंने उनका संकलित उत्तर २ नवंबर, १९४८ को दो वक्तव्य प्रसारित करवाकर देने का प्रयत्न किया है। दोनों की प्रतियाँ पत्र के साथ भेज रहा हूँ। उन्हें आप ध्यानपूर्वक पढ़ें, यह प्रार्थना है।

तीसरी बात प्रतिबंध डालते समय जहाँ तक सब जानते हैं, केंद्र सरकार ने ही अपनी इच्छा से अपनी आज्ञा प्रकट की और तत्पश्चात् दूसरे दिन अन्य प्रांतों में तथा कुछ काल के अनंतर रियासतों में भी वह आज्ञा जारी की गई। अनेक प्रांतों के मंत्रियों ने मेरे मित्रों से यही अंतिम बात की कि यह तो केंद्र सरकार का प्रश्न है। हम उनके आदेश के अनुसार चलेंगे।

अब प्रांतीय सरकारें केंद्रीय सरकार की ओर और केंद्रीय सरकार प्रांतीय सरकारों की ओर उँगलिनिर्देश करते हुए इस प्रश्न को केवल टालने में ही सफल हो सकती हैं। ऐसा होना कहाँ तक वांछनीय है, आप स्वयं सोचें।

संघ की निर्दोषिता, उपयुक्तता तथा नितांत आवश्यकता स्वयं ही प्रमाणित हो जाएगी, हो रही है। अपप्रचार से सत्य दीर्घकाल तक ढका नहीं जा सकता।

मैं एक बार फिर यह निवेदन करना चाहता हूँ कि संघ पर लगाए गए सब आरोप निराधार, प्रमाणशून्य एवं मिथ्या हैं। पक्षांधता और स्वार्थ

ने ही उन्हें जन्म दिया है। मैं अपने कार्य को जानता हूँ। उसमें किस उच्च श्रेणी का भाव, सांस्कृतिक दृढ़ता, त्याग, नि:स्वार्थ जनसेवा और नितांत राष्ट्रप्रेम से भरे हुए व्यक्तियों, विशेषकर युवकों का निर्माण होता है, उनमें कितना विशुद्ध प्रेम होता है, उदात्त चरित्र विकास पाता है, इसका मैं नित्य अनुभव करता आया हूँ। अविवेकी व्यक्तियों द्वारा प्रत्यक्ष आघात होने के बाद भी अब तक जो संयम संघ के स्वयंसेवकों ने प्रकट किया और आपसी झगड़ों तथा कटुता का निवारण सभ्यतापूर्वक अपने विवेक से किया, यही एक उदाहरण संघ के विशुद्ध भावों को सिद्ध करने के लिए पर्याप्त है।

अस्तु, देश की नाजुक अवस्था को देखकर और उज्ज्वल भविष्य के निर्माण के लिए मैंने शांति से चलने की सब स्वयंसेवक बंधुओं को सूचना दी और शांतिपूर्ण मार्ग से समझौता हो, इस निमित्त प्रयत्न किया। राजनीतिक क्षेत्र में कार्यरत और वर्तमान काल में शासनारूढ़ संस्था कांग्रेस तथा सांस्कृतिक क्षेत्र में असामान्य बंधुभाव, दृढ़ राष्ट्रप्रेम एवं स्वार्थ-शून्यता का निर्माण करने में सफल राष्ट्रीय स्वयंसेवक संघ के बीच वैमनस्य न हो, स्नेह ही रहे, वे परस्पर पूरक हों, इसीलिए मैंने अपनी पूरी शक्ति से प्रयत्न किया और सद्‌भावनाओं की आपकी ओर से उपेक्षा की गई। हो सकता है कि परम करुणामय परमात्मा मेरे लिए किसी अन्य मार्ग की ओर संकेत कर रहा हो और संभवत: उसी में इस देवभूमि भारतवर्ष के भाग्योदय के बीज हों।

मार्ग विभक्त होते समय मेरी यह इच्छा है कि एक बार आपके दर्शन करूँ, ताकि शिष्ट-संप्रदाय के अनुसार मैं आपसे विदाई ले सकूँ। संघ को वैध कराने के विषय में आपके और मेरे बीच में यद्यपि कुछ मतभिन्नता उत्पन्न हो गई है, मैं व्यक्तिगत रूप से आपको बहुत मानता हूँ और केवल इसी दृष्टि से विभक्त मार्ग, अनिच्छा से ही क्यों न हो, अपनाने के समय आपसे मिलकर जाने की इच्छा है।

एक छोटी सी बात और—२ नवंबर, १९४८ को सायंकाल दिल्ली के जिलाधीश ने मुझे निर्बंधाज्ञा भेजी थी। आपकी सूचना के अनुसार ही यह किया होगा। इस नीति की मैंने आशा नहीं की थी। मैंने वह आज्ञापत्र वापस कर दिया है, क्योंकि मैं उसे अकारण व अन्याय समझता हूँ।

और सब कुशल है। हम सबका बुद्धिदाता श्री परमात्मा सब मंगल करे। त्वरित पत्रोत्तर की प्रतीक्षा है।

आपका शुभाकांक्षी
मा.स. गोलवलकर

८ नवंबर, १९४८ को श्री गुरुजी ने प्रधानमंत्री पंडित नेहरू को पत्र लिखकर मिलने का समय माँगा जिससे वे उनसे प्रत्यक्ष मिलकर "अपने और संघ के बारे में फैलाए गए भ्रमों का निराकरण" कर सकें तथा "कठिन समय में सरकार के साथ बिना शर्त सहयोग करने" का जो आश्वासन उन्होंने अक्तूबर १९४७ में हुई भेंट के समय नेहरूजी को दिया था उसे दुहरा सकें।

इसका उत्तर श्री नेहरू ने अपने १० नवंबर, १९४८ के पत्र में दिया।

प्रधानमंत्री का उत्तर

क्र.—१३९६ प्र.म.

१० नवंबर, १९४८

प्रिय श्री गोलवलकर,

मुझे आपके ३ और ८ नवंबर के पत्र मिले। आंतरिक मामलों से भारत सरकार के गृह विभाग का ही संबंध है। अत: राष्ट्रीय स्वयंसेवक संघ की समस्या को उसी को हल करना है। मैं समझता हूँ कि उन्होंने इस प्रश्न पर पर्याप्त ध्यान दिया है और प्रांतीय सरकारों से परामर्श भी किया

है।...आपने मेरे पास जो कागज पत्र भेजे हैं, वे मैं उनके पास भेज रहा हूँ।

गत वर्ष केंद्रीय तथा प्रांतीय सरकारों को राष्ट्रीय स्वयंसेवक संघ के उद्‌देश्य और कार्यकर्ताओं के संबंध में बहुत सी जानकारी प्राप्त हुई। आपने संघ की ओर से जो कुछ कहा है, उसका प्राप्त जानकारी से सामंजस्य नहीं है। सच तो यह दिखाई देता है कि संघ के घोषित उद्‌देश्यों का वास्तविक उद्‌देश्यों और उसके लोगों द्वारा किए जानेवाले कार्यकलापों से जरा भी संबंध नहीं है। यह भी प्रतीत हुआ कि ये 'वास्तविक उद्‌देश्य' भारतीय संसद् के निश्चयों और भारत के प्रस्तावित संविधान की धाराओं के सर्वथा विपरीत है। हमारी जानकारी के अनुसार वे कार्यकलाप राष्ट्रविरोधी और बहुधा विध्वंसात्मक तथा हिंसापूर्ण हैं। अतः आप यह स्वीकार करेंगे कि केवल आग्रहपूर्ण कथन बहुत उपयोगी नहीं हो सकता।

मैं आपसे प्रसन्नता के साथ मिलता, किंतु मुझे यह प्रतीत नहीं होता कि इस प्रकार की भेंट से कोई लाभ हो सकेगा। चूँकि प्रश्न विभाग के हाथ में है, अतः यह उचित होगा कि आप उससे सीधे पत्र-व्यवहार करें।

(मूल अंग्रेजी)

भवदीय

जवाहरलाल नेहरू

सरकार द्वारा निरंतर किए जाने वाले अन्याय और प्रमाणरहित मिथ्यारोपों पर श्री गुरुजी ने निम्नोद्‌धृत पत्रोत्तर श्री नेहरू को लिखा—

२०, बाराखंभा रोड, नई दिल्ली

१२ नवंबर, १९४८

माननीय पं. जवाहरलाल नेहरू

प्रणाम।

दि. १० के त्वरित कृपा-पत्रोत्तर के लिए मैं आपका कृतज्ञ हूँ। मैं

समझता हूँ कि यह पत्र पूर्ण विचार के पश्चात् लिखा गया होगा। यह पत्र प्राप्त होने पर मुझे पत्र-व्यवहार जारी रखने की आवश्यकता नहीं थी, क्योंकि इस पत्र से प्रकट होता है कि आप अब इस प्रश्न पर विचार करने को ही तैयार नहीं हैं।

किंतु आपके दिनांक १० के पत्र के कारण उपस्थित कुछ बातों को आपके सामने रखना मेरे लिए आवश्यक हो गया है। मुझे प्रतीत होता है कि सरकार का यह कथन अतिशयोक्तिपूर्ण है कि उसे राष्ट्रीय स्वयंसेवक संघ के संबंध में हम सब लोगों, उसके सभी सदस्यों की अपेक्षा अधिक जानकारी है और गत वर्ष उसे बहुत अधिक जानकारी प्राप्त हुई है। इस अवधि में नौ महीने या इससे कुछ अधिक समय से राष्ट्रीय स्वयंसेवक संघ कार्य ही नहीं कर रहा तथा जहाँ तक सदस्यों का व्यक्तिगत संबंध है, सभी प्रमुख लोग इस अवधि में अधिकांश समय जेल में थे और किसी भी प्रकार की काररवाही नहीं कर सकते थे। आपके कथनानुसार आपके पास जिस कार्यवाही के संबंध में विपरीत जानकारी पहुँची है, उसमें सच्चाई का अंश भी नहीं हो सकता। मुझे आशा है कि आप अपने पत्र की इस स्पष्ट असंगति पर अवश्य ध्यान देंगे।

प्रतीत होता है कि उक्त जानकारी से आपने यह समझा है कि हमारा कार्य राष्ट्रविरोधी है, यह एक गंभीर अभियोग है, जिसे किसी पर सहज में लगाना उचित नहीं। इसके लिए ठोस तथा तथ्यपूर्ण प्रमाणों की आवश्यकता है। केवल भावनाएँ और सम्मतियाँ इस विषय में कोई मूल्य नहीं रखतीं। जिन पर अभियोग लगाए गए हैं, उन्हें उसकी जाँच-पड़ताल करने की अनुमति दिए बिना बार-बार केवल यह कहना कि सरकार के पास जानकारी है, व्यर्थ है। हम दोनों इस बात को स्वीकार करें कि केवल आग्रहपूर्वक कथन अधिक उपयोगी नहीं होगा। जब तक सरकार केवल कहती और अभियोग लगाती रहेगी, किंतु अखंडनीय प्रमाणों से उसे सिद्ध नहीं करेगी, हम केवल इतना ही कह सकते हैं

और वह न्यायपूर्ण भी होगा कि ये सारे आरोप झूठे हैं और हमारे साथ अन्याय किया जा रहा है।

यदि कोई न्यायाधीश किसी व्यक्ति का किसी अपराध के लिए, चाहे वह कितना ही छोटा क्यों न हो, बिना प्रमाण बताए केवल यह कहकर कि उसके विरुद्ध बहुत कुछ जानकारी है, दंड देता है तो न्यायाधीश का वह कार्य स्वत: निंदनीय हो जाता है। जब एक भी प्रमाण न बताते हुए ऐसे गंभीर आरोप लगाए जाते हैं, तब हम क्या कहेंगे? क्या हम उस अंधयुग की ओर वापस लौट गए हैं, जब कुछ व्यक्तियों और दलों की भावनाएँ सम्मतियाँ और इच्छाएँ ही न्याय और युक्तिसंगत हुआ करती थीं और किसी भी व्यक्ति या वर्ग को केवल अपने मनोरंजन के लिए मृत्युदंड तक दिया जाता था? यह ऐसा अवैधानिक कार्य है, जिससे अधिक की हम कभी कल्पना भी नहीं कर सकते। क्या भारतीय संसद् के निश्चयों से यह कोसों दूर नहीं है?

जहाँ तक मैं जानता हूँ कि राष्ट्रीय स्वयंसेवक संघ के उद्‌देश्यों में कोई ऐसी बात नहीं है, जिस पर भारतीय संसद् आपत्ति कर सके। संसद् के जो निश्चय अब तक प्रकाशित हो चुके हैं, उनके विरुद्ध भी उसमें कुछ नहीं है। जहाँ तक प्रस्तावित संविधान की धाराओं के विपरीत होने की बात है, अधिक अच्छा होता, यदि वह बात हमारे प्रधानमंत्री द्वारा न लिखी गई होती। यह वैसा ही विचित्र है, जैसा एक वर्ष या इससे अधिक अवधि के बाद जन्म लेनेवाले व्यक्ति की हत्या का प्रयत्न करने के अपराध में किसी व्यक्ति को दंड देना।

एक बात और है कि हमारे घोषित उद्‌देश्यों और कार्यकलापों से अलग आप किसे हमारे वास्तविक उद्‌देश्य और कार्यकलाप कहते हैं, यह हम नहीं जानते। हमारे लिए तो हमारे घोषित उद्‌देश्य ही वास्तविक हैं और हमारे उन वास्तविक उद्‌देश्यों को हमने सदा ही स्पष्ट कहा है। वास्तविकता को भीतर छिपाकर दूसरा चोला पहनना;

जो अभिप्रेत नहीं है, उसे ही प्रकट करना; जिसे कभी प्रकट नहीं किया, वह अभिप्रेत मानना; विचार, शब्द तथा कार्य में कभी सामंजस्य न रखना, ये सब कुछ छद्मवेष के स्वरूप हैं। और हो सकता है कि ये चतुर कूटनीतिज्ञ तथा राजनीतिज्ञ के लिए आवश्यक गुण हों। हम लोग राजनीति से अलग सांस्कृतिक क्षेत्र में चरित्र तथा एकता के निर्माण के लिए अपने समाज के साधारण सेवक मात्र हैं। हमारे कार्य में उस कला के लिए स्थान नहीं है, जिसमें घोषित उद्देश्यों में वास्तविक उद्देश्य छिपाया जाता है।

कुछ स्पष्टवादिता के लिए आप हमें क्षमा करें। किंतु निरंतर अन्याय, जाँच के लिए सामने न आ सकनेवाली बहुत कुछ जानकारी का बराबर ढोल पीटते रहने तथा आपके प्रत्येक पत्र में कुछ अनोखे और पहले न सोचे हुए आरोपों का लगाए जाने से मैं अपनी कुछ उत्कट भावनाएँ बाध्य होकर प्रकट कर रहा हूँ। सरकार के विशिष्ट रुख के कारण हमारे कार्य के साथ इतना अधिक अन्याय किया गया है कि वह आगे चलकर अनिवार्यतः बुरी परिपाटी उपस्थित करेगा। मुझे डर है कि यह अभागा देश निरंतर होनेवाले कलह तथा पारस्परिक अविश्वास में डूब जाएगा। पिछले पराजय और हमारे अधःपतन में हुआ है। मुझे आशा है कि अब, जब देश पिछली दस शताब्दियों की विच्छिन्नावस्था से पहली बार ऊपर उठ रहा है, हम लोग अधिक सूझ और अधिक विवेकपूर्ण बनकर अपने देश के उसी दुर्भाग्यपूर्ण अंश को दूसरे नाम से दुहराने नहीं देंगे।

बस, यदि मुझे आपसे मिलने का अवसर दिया गया होता तो मैं बहुत प्रसन्न और कृतज्ञ होता। किंतु जैसी आपकी इच्छा। प्रतीत होता है कि हम लोगों के मार्ग विलग हो रहे हैं। माता की पूजा विभिन्न मार्गों से की जा सकती है। सभी मार्ग आज नहीं तो कल माता के पवित्र चरणों पर ही जा मिलेंगे। अपने मार्ग शीघ्र एक हो जाएँ, इसके लिए मैंने प्रयत्न

और आशा की थी, किंतु माता की यह इच्छा नहीं दिखाई देती। मैं उसकी आज्ञा मानूँगा और आपके प्रति पूर्ण प्रेम और आदर के साथ उस मार्ग पर, जिसका भगवती मुझे संकेत देगी, चलने की तैयारी करूँगा।

आपके विचारपूर्ण उत्तर से मैं उपकृत रहूँगा।

(मूल अंग्रेजी)

भवदीय
मातृसेवा में सहयोगी
मा.स. गोलवलकर

श्री गुरुजी का दिल्ली में ही रहने का निश्चय

पंडित जवाहरलाल नेहरू को लिखे १२ नवंबर के पत्र के साथ ही १३ नवंबर को एक पत्र लिखकर श्री गुरुजी ने दिल्ली में ही रहने की सूचना दी—

कल सायंकाल जब साथ का पत्र लगभग तैयार ही था कि गृह विभाग का एक पत्र मुझे मिला, जिसमें यह सूचित किया गया है कि अपने मुझे १० नवंबर को जो पत्र भेजा है, उसके अनुसार प्रतिबंध नहीं हटाया जाएगा। आप कहते हैं कि इस प्रश्न पर निर्णय करने के लिए गृह विभाग पूर्णतः उत्तरदायी है, किंतु गृह विभाग का निर्णय स्वतंत्र रूप से न होकर आपके पत्र के बल पर होता है, यह एक आश्चर्य है।

गृह विभाग मुझे दिल्ली छोड़कर नागपुर जाने के लिए बाध्य कर अन्याय करना चाहता है। मैं केंद्रीय सरकार से न्याय की माँग करने के लिए यहाँ आया था, क्योंकि इसका मुझे अधिकार है। अवैधानिक निश्चयों का कोई मूल्य नहीं या तो सभी आरोप पूर्णतः सिद्ध किए जाएँ अथवा बिना शर्त वापस लेकर प्रतिबंध तुरंत हटाया जाए।

हम सुसभ्य राज्य होने का दावा करते हैं। ऐसे अवैधानिक निर्णय असभ्य गुण के तानाशाही शासन अथवा किसी सीमा तक विदेशी एकतंत्री

शासन में शोभा दे सकते हैं, किंतु आधुनिक सुसभ्य लोकतांत्रिक सरकार को, जो बिना पक्षपात तथा न्याय के साथ नागरिक अधिकारों की रक्षा करने का दावा करती है, यह शोभा नहीं देता।

अत: हमारे साथ किए गए अन्याय का परिमार्जन होने तक मैंने राजधानी में रहने का निश्चय किया है।

समादर के साथ,

भवदीय

मा.स. गोलवलकर

इस बीच १२ नवंबर को सरदार पटेल की ओर से गृह सचिव आयंगर का एक पत्र श्री गुरुजी को मिला था। उसमें भी प्रांतीय सरकारों द्वारा व्यक्त विपरीत मत और तद्नुरूप ही प्रधानमंत्री के पत्र का उल्लेख करते हुए प्रतिबंध हटाना अस्वीकार कर श्री गुरुजी से नागपुर वापस जाने को कहा गया था।

इसके उत्तर में १३ नवंबर को एक पत्र श्री गुरुजी ने सरदार पटेल को भी लिखा, जिसमें उन्होंने सरकार द्वारा किए जा रहे अन्याय की भर्त्सना करते हुए संघ पर लगाए गए आरोप सिद्ध करने या फिर प्रतिबंध हटाने का आग्रह किया तथा न्याय न मिलने तक दिल्ली में ही रहने की सूचना दी।

एक ही वैकल्पिक मार्ग–सत्याग्रह

प्रधानमंत्री और गृहमंत्री के साथ हुए पत्र-व्यवहार तथा गृहमंत्री सरदार पटेल से दो बार की भेंट का कोई सकारात्मक परिणाम निकलता न देखकर श्री गुरुजी को विश्वास हो गया कि सरकार संघ पर से प्रतिबंध हटाकर भूल सुधारने की इच्छुक नहीं है तथा संघ के बारे में उसकी नीति किसी भ्रम का परिणाम नहीं जिसे बातचीत से दूर किया जा सके, प्रत्युत वह स्वार्थपूर्ण राजनीति से प्रेरित चतुराई है। कारागार से

मुक्त होने के पश्चात्, स्वयं विसर्जित कर दिए संघ के प्रमुख पूर्व-कार्यकर्ता उनके संपर्क में थे। सारी परिस्थिति का विचार कर यही निश्चय हुआ कि अब शांतिपूर्ण सत्याग्रह ही एकमात्र विकल्प है। अत: दिल्ली में ही रहने की सूचना से पुलिस बंदी बनाने आए, उससे पूर्व १३ नवंबर को ही श्री गुरुजी ने सभी स्वयंसेवकों को संबोधित कर एक पत्र लिखा जिसमें सारी परिस्थिति स्पष्ट कर संघ-विसर्जन का अपना पूर्वादेश वापस ले लिया और शांति एवं प्रेमपूर्वक अपना संघकार्य सरकार्यवाह जी द्वारा निर्दिष्ट तिथि से पूर्ववत् पुन: प्रारंभ करने का अनुरोध किया। इसके साथ ही स्वयंसेवकों के लिए एक संदेश-पत्र भी उन्होंने लिखा जिसमें ईश्वरीय संघ-कार्य हेतु उठ खड़े होने और आगे बढ़ते जाने का आह्वान किया गया था।

स्वयंसेवकों के नाम पत्र

२०, बाराखंभा मार्ग, नई दिल्ली
१३ नवंबर, १९४८

मेरे सभी स्वयंसेवक बंधुओं,

१. आप लोगों को विदित ही है कि किस परिस्थिति में अपना संगठन विसर्जित किया गया। यह देखकर मुझे अतीव आनंद हुआ कि इस कालावधि में आप सभी ने उस निर्णय का तत्परता से पालन किया।

२. उस समय यह आशा थी कि अपने विरुद्ध लगाए गए आरोप पूर्णत: निराधार और काल्पनिक होने से वापस ले लिये जाएँगे और अपने संघ पर से असमर्थनीय प्रतिबंध हटा लिया जाएगा व शीघ्र ही हिंदुओं में शुद्ध भ्रातृभाव जागृत करने का निरामय सांस्कृतिक कार्य हम प्रारंभ कर सकेंगे।

यह आशा की गई थी कि सरकार में अपने ही बंधु होने से,

यद्यपि एक विशिष्ट उत्तेजना के क्षण में उन्होंने हम पर अन्याय किया है, तथापि समय बीतने के साथ वे शांत हो जाएँगे और न्याय करने पर प्रवृत्त होंगे। यह भी आशा की गई थी कि उत्तरदायित्वपूर्ण पदों पर आसीन होने के कारण वे अपनी भूल अनुभव करेंगे और दूरदृष्टि अपनाएँगे तथा पक्ष-स्वार्थ से ऊपर उठकर उदार देशभक्ति का परिचय देंगे व भूल-सुधार में प्रवृत्त होकर राष्ट्रीय हित का मार्ग प्रशस्त करेंगे। यह भी आशा की गई थी कि कम-से-कम सरकार सुसंस्कृत सरकार के समान आचरण करेगी और हमारे विरुद्ध प्रमाण पेश करेगी, उनका खंडन करने का अवसर देगी और फिर प्रस्थापित कानून की मान्यता के अनुसार कोई निर्णय करेगी।

३. अंततोगत्वा न्याय मिलेगा इस आशा से हम लोगों ने धैर्य से कारावास तथा व्यक्तिगत निर्बंध सहे। आठ मास के अधिक समय बीत जाने के बाद जब मैं नागपुर से बाहर जाने को स्वतंत्र हुआ, तब मैं न्याय की माँग करने के लिए राजधानी में आया। सम्माननीय और न्यायपूर्ण समझौता करने के मेरे प्रयास विफल हुए। इसलिए २ नवंबर, १९४८ को मैंने दो वक्तव्य देकर अपने विरुद्ध किए जानेवाले सभी नए-पुराने आरोपों का सार्वजनिक उत्तर दिया। उनमें अपने उद्‌देश्यों और लक्ष्यों का पुनरुच्चार का केंद्र सरकार में आज जो वातावरण फैला हुआ है, उसके प्रति अपनी प्रतिक्रिया प्रकट की। दूसरे वक्तव्य में मैंने संकेत किया कि आप लोगों के सामने अब दो ही मार्ग खुले हैं। उनमें से एक प्रतिबंध की परवाह किए बिना अपना कार्य प्रारंभ करने की राह पर चलने को स्पष्ट रूप से कहा है।

४. उक्त निर्णय का दृढ़ता से पालन करना मुझे आनंददायी हुआ होता, परंतु कुछ समय बाद, यानी २ नवंबर को सायंकाल

दिल्ली के जिला मजिस्ट्रेट के आदेश से मेरी गतिविधियों और कार्यक्रमों पर निर्बंध लाद दिए गए। यह सरकारी कार्य असमर्थनीय और घोर अन्यायकारी है। अब कल (१२ नवंबर) शाम को गृह मंत्रालय ने मुझे पत्र भेजकर अपना मनमाना निर्णय सूचित किया है कि अपने कार्य पर से प्रतिबंध नहीं हटाया जाएगा। इतना ही नहीं, उन्होंने मुझे यह भी बताया कि केवल सरदार पटेल से मिलने की शर्त पर मध्य प्रदेश सरकार ने मुझ पर से निर्बंध ढीले किए थे, इसलिए मैं अब नागपुर लौट जाऊँ। उनका यह कथन पूर्णत: असत्य है। शासन द्वारा दिल्ली छोड़कर विशिष्ट स्थान पर जाने के लिए मुझे बाध्य करना पूर्णत: अन्याय है और स्वतंत्र नागरिक के नाते मुझे प्राप्त अधिकारों पर आघात है। अधिकारों का अन्यायपूर्ण दमन अपने कई कार्यकर्ताओं को भी नसीब हुआ है। इससे स्पष्ट संकेत मिलता है कि जीवित रहने तथा परस्पर मिलने के स्वाभाविक अधिकार का इस रीति से निरंकुश दमन किया गया कि हमारे प्राथमिक नागरिक अधिकार भी छीन लिये गए।

५. यह अवस्था लज्जाजनक है। इस क्रूर नृशंसता के आगे दबना स्वतंत्र भारत के नागरिक सम्मान को अपमानित करना है और सभ्य स्वतंत्र राज्य की प्रतिष्ठा को धक्का पहुँचाना है। इसलिए अपने कर्तव्य के पालन व नागरिकों तथा राज्य के सम्मान तथा अधिकारों की रक्षा के लिए हमें तैयार होना चाहिए।

६. हम लोग अनुभव कर रहे हैं कि संप्रति हम गंभीर अवस्था से गुजर रहे हैं। देशभक्ति की अपनी सहज प्रवृत्ति के कारण हमने बहुत से अन्याय इसलिए सहे कि समाज में आंतरिक फूट पैदा न हो। यह समय गंभीर है, यह पहचानने की जिम्मेदारी जितनी हमारी है, उससे अधिक, कम-से-कम उतनी ही

जिम्मेदारी सरकार की भी है। न्यायपूर्ण समझौता हो, इसलिए शांतिपूर्ण उपायों से जो भी करना संभव था, वह हमने किया। परंतु इसके विपरीत सरकार अधिकाधिक अन्यायी और स्वेच्छाचारी बनी। लगता है कि अपने दल को मजबूत बनाने के उद्‌देश्य से हमारी देशभक्ति की भावना का वे दुरुपयोग कर रहे हैं। वास्तव में गंभीर देशचिंतन के कारण निर्मित हुए हमारे संयम को वे दुर्बल मानते हैं। वे ऐसी योजनाएँ बना रहे हैं कि व्यक्तिशः और संघशः हमारा अस्तित्व न रहे, हमारा नाम मिट जाए। इसके आगे हम इस दुष्ट मनोवृत्ति को कदापि नहीं चलने देंगे, क्योंकि उससे अंततोगत्वा देश का संपूर्ण विनाश होगा। वह संकट टालने के लिए यह नितांत आवश्यक है कि हम कटिबद्ध होकर थोड़ी उथल-पुथल करने का साहस दिखाएँ, जिसमें अपना राज्य भावी महान् संकट से बच सके।

७. इसलिए अपने महान् उद्‌देश्य के लिए कमर कसने को, मैं आप लोगों से प्रार्थना करता हूँ। सत्य और न्याय अपने पक्ष में है। जिधर सत्य है, उधर ईश्वरीय कृपा की वर्षा होती है। ईश्वर पर पूर्ण विश्वास और अपनी पवित्र मातृभूमि के प्रति अविचल भक्ति रखकर, अपने ध्येय की न्यायपूर्णता करने के लिए अपना यह शांतिपूर्ण अभियान हम प्रारंभ करें। हमारी कितनी भी अनिच्छा हो, तो भी सरकार की संकीर्ण मनोवृत्ति अपने ही दल का निरंतर प्रभाव रखने के मोह तथा अन्य किसी भी मत या कार्य का अस्तित्व न रहने देने की उसकी असहिष्णुता के कारण हमें इस मार्ग पर बाध्य होकर चलना पड़ रहा है। यह दुर्भाग्यपूर्ण अवस्था निर्मित करने की पूरी जिम्मेदारी सरकार पर ही है, अन्य किसी पर नहीं।

८. अतएव ६ फरवरी, १९४८ को संघ-विसर्जित करने का मैंने

जो आदेश दिया था, वह पूर्ण विचार करने के बाद वापस ले रहा हूँ और अपना कार्य नित्यानुसार प्रारंभ करने की आप लोगों से प्रार्थना करता हूँ। इसके साथ ही शांति रहे, वैमनस्य न बढ़े, इसके लिए हमें भरसक प्रयत्न करने चाहिए।

९. अपने सरकार्यवाह श्री भैयाजी दाणी को मैंने सूचित किया है कि वे यह निर्णय सभी स्वयंसेवकों को बतलाएँ और अपना कार्य पूर्ववत् प्रारंभ करने का दिन और तिथि निश्चिय करें।

१०. हम सत्य के लिए खड़े हैं, हम न्याय के लिए खड़े हैं, हम राष्ट्रीय अधिकारों के लिए खड़े हैं। न्यायशील सत्य-देवता पर आंतरिक श्रद्धा रखकर हम आगे बढ़ें और उद्देश्य-प्राप्ति तक रुकें नहीं।

परमेश्वर की जय हो। मातृभूमि की जय हो।

भवदीय

मातृभूमि की सेवा में सहयोगी

मा.स. गोलवलकर

संदेश

२०, बाराखंभा मार्ग, नई दिल्ली

१३ नवंबर, १९४८

प्रिय स्वयंसेवक बंधुगण,

आज दस मास होते आए अपना पवित्र कार्य बंद है। अपने पवित्र धर्म, संस्कृति तथा समाज की सेवा कर विशुद्ध भारतीय राष्ट्रजीवन-निर्माण करने के लिए संपूर्ण समाज को अटूट स्नेहसूत्र में गूँथना तथा परमपावन भारतमाता के चरणों में जीवन सर्वस्व समर्पण करना, इन उज्ज्वल भावनाओं को लेकर अपना राष्ट्रीय स्वयंसेवक संघ कार्यशील रहा है। अकस्मात् उसकी पावन धारा खंडित सी हो गई। अनेक घृणित

आरोप उस पर लगाए गए। उस पर अत्याचार हुए। परंतु अपनी स्वाभाविक धीरोदात्तता से हम लोगों ने सब सहा। आशा थी कि कुछ समय व्यतीत होने पर अब आरोपों का मिथ्यात्व स्पष्ट होकर अपने कार्य के ऊपर से प्रतिबंध हटेंगे, न्याय की विजय होगी। इसी दृष्टि से शांतियुक्त मार्ग से न्याय प्राप्त करने के निमित्त मैं प्रयत्नशील रहा।

परंतु मैंने अनुभव किया कि सरकार में उच्चपदस्थ सज्जनों को न्याय की चाह नहीं है। दलबंदी, स्वार्थांध सत्तालोलुपता का बोलबाला है, अभारतीय वृत्तियाँ बढ़ी हैं। अत: भारतीयत्व के सांस्कृतिक कार्य से घृणा है। असहिष्णुता से मन कलुषित हो गया है। फिर न्याय और सत्प्रवृत्ति कहाँ?

दलगत सवार्थांध और असहिष्णुता सत्तालोलुपता का प्रादुर्भाव भेदों को, वैमनस्य को, स्नेहशून्यता को जन्म दे राष्ट्रजीवन को अधिकाधिक छिन्न-विछिन्न एवं दुर्बल बनाकर अल्पावधि में ही नष्ट कर देगा। इस दुष्ट भावना का उच्छेद करना भारतमाता का पुत्र कहलानेवाले प्रत्येक व्यक्ति का प्रथम परम पवित्र कर्तव्य है। हम राष्ट्रीय स्वयंसेवक संघ के स्वयंसेवक भारतमाता की अनन्य पूजा कर व्रत लेनेवाले हैं, हमें इस राष्ट्रघाती मनोवृत्ति का सामना करना है। इस महान् उद्देश्य के निमित्त अपने संघकार्य का पुनरुत्थान कर उसके श्रेष्ठ ध्येय की पूर्ण सफलता तक प्रयत्नशील होना है। आगे और आगे, सदा आगे ही आगे बढ़ते जाना है। किसी भी कारण से मार्ग में रुकना नहीं है। संकट, बाधाएँ, दुर्भाग्य से कभी स्वजनों द्वारा ही द्रोह, सब सहना है। अपने कार्य की शुद्धता, न्यायपूर्णता, महान्‌ता तथा निरपवाद आवश्यकता को प्रमाणित करना है।

भारतमाता के इस भयंकर संकटकाल में 'मैं और मेरा' के विचार के लिए अवकाश नहीं है। व्यक्ति के नाते अपना कुछ भी हो, परंतु भारतमाता को अभारतीयता के प्रभाव से मुक्त करना है। माँ की सब संतानों को उनके स्वाभाविक अधिकारों को स्वार्थी, सत्तांध दलों के द्वारा

होनेवाले अपहरण से बचाना है। सब को स्वतंत्र, सुखपूर्ण, सम्मान्य जीवन का लाभ कराना है। यह अपने को ही करना है।

कार्य श्रेष्ठ है, महान् है, ईश्वरीय है, इसकी पूर्ति में मानवता का उच्चतम आविष्कार है। भगवान् का साक्षात्कार है।

अतः उठो और दस मास से स्थगित अपने कार्य का पुनरांभ करो। दस मास की अकर्मण्यता की क्षतिपूर्ति करो, सत्य अपने साथ है। अन्यायों में सोते रहना, उसका भागी बनकर रहना पाप करना है। हम अन्याय का परिमार्जन करें। अंतःकरण में न्यायपूर्ण सत्य के अधिष्ठाता श्री परमात्मा को दृढ़ विश्वास से धारण कर समस्त प्राणशक्ति से भारतमाता का ध्यान कर, उसकी संतानों में प्रेम से प्रेरित होकर उठो, कार्य को बढ़ाओ और यशप्राप्ति तक कहीं न रुकते हुए आगे बढ़ते चलो।

यह धर्म का अधर्म से, न्याय का अन्याय से, विशालता का क्षुद्रता से, स्नेह का दुष्टता से सामना है। विजय निश्चिय है, क्योंकि धर्म के साथ श्री भगवान् और उनके साथ विजय रहती है।

तो फिर हृदयाकाश से जगदाकाश तक भारतमाता की जयध्वनि ललकार कर उठो और कार्य पूर्ण करके ही रहो।

भारतमाता की जय।

आपका

मा.स. गोलवलकर

□□□